财务会计类专业精品课程规划教材

电子票据技术

- 主审　李　辉
- 主编　李　赞　周会林　梁　华

苏州大学出版社
Soochow University Press

图书在版编目(CIP)数据

电子票据技术/李赞,周会林,梁华主编.—苏州：苏州大学出版社,2024.5(2024.8重印)
ISBN 978-7-5672-4727-7

Ⅰ.①电… Ⅱ.①李… ②周… ③梁… Ⅲ.①电子技术-应用-票据 Ⅳ.①F830.46

中国国家版本馆 CIP 数据核字(2024)第 077938 号

电子票据技术

李　赞　周会林　梁　华　主编

责任编辑　王　亮

苏州大学出版社出版发行
(地址：苏州市十梓街 1 号　邮编：215006)
镇江文苑制版印刷有限责任公司印装
(地址：镇江市黄山南路 18 号润州花园 6-1 号　邮编：212000)

开本 787 mm×1 092 mm　1/16　印张 12.5　字数 313 千
2024 年 5 月第 1 版　2024 年 8 月第 2 次印刷
ISBN 978-7-5672-4727-7　定价：49.00 元

图书若有印装错误，本社负责调换
苏州大学出版社营销部　电话：0512-67481020
苏州大学出版社网址　http://www.sudapress.com
苏州大学出版社邮箱　sdcbs@suda.edu.cn

前言

近年来，国家积极推进数字化转型，以加快建设数字中国、加快发展数字经济为目标，数字化转型已成为企业转型发展的标配。在信息技术的支持下，人们将各种信息资源转化为数字形式，以数字化的方式进行存储、处理、传输和利用，从而实现信息化向智能化转变。传统纸质票据也在逐渐完成向电子票据的转化。

本教材以电子票据为起点，根据高职高专会计类专业人才培养方案，对接产业转型升级中的职业岗位能力要求，以培养会计类专业学生职业能力为目标，结合教学实际，构建会计专业人才职业能力框架，同时加强教学改革，实现理实一体、育训结合。本教材由电子票据概述、电子票据的认知与分类、电子票据的开具与填写、电子票据的审核与整理、会计档案的归档与保管五个项目组成。教材中所有企业信息和人员信息均为虚拟信息。

本教材的主要特色体现在以下几点：

1. 结构清晰。按照项目划分章节，每个项目下设若干个任务，任务下根据知识点进行编排，结构合理，层次分明。

2. 系统全面。涵盖电子票据的全流程教学内容，包括电子票据的概述、认知、分类、开具、填写、审核、整理、归档等多个方面的内容。

3. 实操性强。每个任务都由案例导入、任务准备、任务实施三个模块组成，任务实施模块有详细的操作指导，理论与实践结合，培养学生的实际操作能力。

4. 强调素质教育。教材内容围绕电子票据这一新兴领域展开，更贴近时代发展，培养学生的信息素养、创新思维、团队合作等素质。同时，融入法律意识，让学生了解相关法律法规，培养社会责任感。

另外，本教材课题组与厦门九九网智科技有限公司合作研发了与纸质教材配套的"电子票据技术应用教学云平台"。平台中配备了单项选择题、多项选择题、判断题等多种题型，帮助学生巩固理论知识点；同时，配备了大量的电子票据的分类、开具、审核、整理、归档等类型的实训操作模拟。学生学完每个任务即可在平台中进行线上训练，充分体现"数字化"教学理念，有助于提高学习效率。

本教材由江苏联合职业技术学院徐州财经分院李赞、南京财经分院周会林和厦门九九网智科技有限公司梁华担任主编，制定编写大纲，设计教材体例，提出编写方案并统稿。具体分工如下：项目一由徐州财经分院李赞编写，项目二由南京财经分院周会林编写，项目三、项目四由徐州财经分院张新茹和厦门九九网智科技有限公司肖红玉编写，项目五由厦门九九网智科技有限公司梁华编写。全书由苏州信息职业技术学院李辉教授主审。

本教材是江苏联合职业技术学院会计专业建设指导委员会开发的"电子票据技术"课程的配套教材，适用于五年制高等职业教育、三年制高等职业教育、中等职业教育财经类专业电子票据相关课程教学，也可作为会计从业人员的学习用书。

由于时间仓促，编者编写水平有限，教材中若有不足之处，望专家、读者不吝赐教，在此深表谢意。

编者
2023 年 12 月

CONTENTS 目录

项目一　电子票据概述　001
　　任务　电子票据的理论基础　002

项目二　电子票据的认知与分类　007
　　任务一　电子票据的票面信息及要素　007
　　任务二　电子票据的分类与特点　056

项目三　电子票据的开具与填写　079
　　任务一　电子发票的开具与填写　080
　　任务二　电子银行指令申请　112
　　任务三　企业内部电子票据的填写　123

项目四　电子票据的审核与整理　136
　　任务一　电子票据的审核　137
　　任务二　电子票据的业务分类　159

项目五　会计资料的归档与保管　182
　　任务一　会计资料的归档要求和流程　183
　　任务二　会计档案的保管　188

项目一

电子票据概述

知识目标

1. 了解电子票据的定义、优缺点和应用领域。
2. 了解电子票据与传统纸质票据的异同点。
3. 了解电子票据的法律依据和安全性要求。
4. 了解电子票据的保管要求。

能力目标

1. 准确理解电子票据的概念和基本原理。
2. 了解电子票据的应用领域和应用场景。
3. 能够对电子票据与传统纸质票据进行比较。
4. 掌握电子票据的安全性和保密性措施。
5. 了解电子票据的未来发展趋势。

素质目标

1. 培养信息素养。
2. 培养创新思维。
3. 培养团队合作能力。
4. 培养沟通能力。
5. 培养社会责任感。

任务　电子票据的理论基础

案例导入

在当今社会，数字化和信息技术的快速发展已经深刻影响了我们生活的方方面面。小刚是一名刚步入社会的大学毕业生，进入某大型建筑企业做会计。由于企业正全面开展无纸化办公，推行原始凭证电子化等财务制度，为了让小刚快速熟悉并执行企业财务制度，带领他做账的赵经理给小刚布置了一项任务，让小刚结合生活中的实际应用场景，总结出数字化和信息技术融合在我们生活中的哪些方面，电子票据给我们的生活带来了哪些便利。

任务准备

一、原始凭证的定义

原始凭证是指企业或个人在进行经济交易时所形成的、记录交易事项的书面证明文件，通常包括发票、收据、付款凭证等。这些凭证是会计核算的基础，也是税务申报和审计的重要依据。

原始凭证必须真实、准确地记录交易事项，包括交易日期、交易对象、交易金额、交易方式等信息。同时，原始凭证还应当符合相关的法律法规和会计准则的要求，例如发票应当具备发票号码、开票日期、购买方名称、销售方名称、商品或服务名称、金额、税率等信息。

在会计核算中，原始凭证是重要的输入数据来源，需要经过分类、汇总、审核等环节才能转化为会计科目和账户，进而形成财务报表和财务分析报告。因此，对于企业来说，建立健全原始凭证管理制度和流程非常重要，可以有效提高财务管理的效率和准确性。

近年来，数字化转型成为热门词语。在信息技术的支持下，人们将各种信息资源转化为数字形式，以数字化的方式进行存储、处理、传输和利用，从而实现信息化向智能化的转变。传统纸质票据也实现了向电子票据的转化。

二、电子票据的定义

电子票据是指使用电子技术生成、传输、存储和管理的一种票据形式。它可以是发票、收据、付款凭证等，具有与传统纸质票据相同的法律效力和支付功能。电子票据可以通过互联网或其他电子方式进行开具、接收、管理和使用，具有环保、便捷、安全等优点。电子票据的生成和管理通常需要使用专门的软件系统，并与银行、支付平台等金融机构进行对接，确保票据的真实性和有效性。

三、电子票据的优缺点

（一）电子票据的优点

电子票据的优点包括：

（1）方便快捷：电子票据可以通过互联网、移动设备等渠道进行开具、传输和存储，避免了传统纸质票据的烦琐流程。

（2）环保节能：电子票据不需要纸张、油墨等资源，减少了对环境的影响。

（3）安全性高：电子票据采用了数字签名、加密等技术，可以有效防止伪造和篡改。

（4）可追溯性强：电子票据可以通过区块链等技术实现全程可追溯，便于管理和审计。

（二）电子票据的缺点

电子票据的缺点包括：

（1）技术门槛高：电子票据需要使用专门的软件系统和硬件设备，对于一些小型企业来说可能存在技术门槛。

（2）安全性问题：虽然电子票据采用了多种安全技术，但仍然存在被黑客攻击或数据泄露的风险。

（3）兼容性问题：不同类型的电子票据可能存在兼容性问题，需要统一的标准和技术规范。

四、电子票据的应用领域及应用场景

（一）电子票据的应用领域

电子票据的应用领域包括但不限于以下几个方面：

（1）金融行业：电子票据在银行、证券、保险等金融机构中已得到广泛应用，用于支付结算、融资融券、保险理赔等业务。

（2）商业领域：电子票据在商业交易中也得到了广泛应用，如电子商务、物流配送、房地产交易等。

（3）公共服务领域：电子票据可用于公共服务领域，如医疗、教育、交通等领域的收费和报销。

（4）政府机构：电子票据在政府机构中的应用也越来越广泛，如公用事业收费、税务管理、政府采购等。

（5）其他领域：电子票据还可以应用于其他领域，如酒店住宿、餐饮服务、旅游服务等。

（二）电子票据的应用场景

电子票据的应用场景非常广泛，主要包括以下几个方面：

(1) 商业交易：电子票据可以用于商业交易中的付款、收款、结算等环节。
(2) 政府服务：电子票据可以用于政府服务中的税务、社保等办理环节。
(3) 金融服务：电子票据可以用于金融服务中的支付、结算等环节。
(4) 物流运输：电子票据可以用于物流运输中的货物跟踪、运费结算等环节。
(5) 教育培训：电子票据可以用于教育培训中的学费缴纳、证书颁发等环节。

五、电子票据与传统纸质票据的比较

电子票据和传统纸质票据都是记录交易事项的书面证明文件，它们之间既有相同点，也有不同点。

（一）相同点

(1) 两者都能够作为会计核算的基础，记录交易事项并形成财务报表和财务分析报告。
(2) 两者都需要经过分类、汇总、审核等环节才能转化为会计科目和账户。

（二）不同点

传统纸质票据和电子票据在形式、交付方式、流通效率等方面存在显著差异，具体如下：

(1) 形式：传统纸质票据以实物形式存在，涉及真实的纸张和手写或打印的签名；而电子票据以电子数据形式存在，其载体为电子信息系统，签章为电子签名。
(2) 交付方式：传统纸质票据的交付通常需要物理手段，如邮寄或递送；而电子票据的交付通过电子传输完成，速度快且不受地理位置限制。
(3) 流通效率：传统纸质票据在流通过程中需要耗费较多的人力、物力和时间成本；而电子票据可以通过电子信息系统快速流通，降低了核验真伪的成本，并提高了效率。
(4) 保管与操作：传统纸质票据需要妥善保管以防损失或损坏，并且在贴现和转贴现等环节较为不便；而电子票据易于保管和管理，操作更加简便、高效。
(5) 付款提示：对于传统纸质票据，持票人须将票据邮寄或交给承兑人请求付款；而电子票据只需要在电子商业汇票系统中提示承兑人付款即可。

六、电子票据的法律依据及法律地位

（一）电子票据的法律依据

电子票据的法律依据主要包括以下几个方面：

(1)《中华人民共和国合同法》：规定了电子合同的成立要件、法律效力和履行方式等。
(2)《中华人民共和国电子签名法》：规定了电子签名的法律效力和使用范围等。
(3)《中华人民共和国电子商务法》：规定了电子商务的基本原则、经营主体、交易规则等，对电子票据的管理和使用也有一定的规定。

(4)《中华人民共和国税收征收管理法》：规定了税收征收管理的程序和要求，对电子票据的纳税和报税也有明确的规定。

(5)《中华人民共和国票据法》：规定了纸质票据和电子票据的法律地位和使用范围等，对电子票据的管理也有一定的规定。

（二）电子票据的法律地位

根据《财政票据管理办法》（财政部令第70号）规定，财政电子票据和纸质票据具有同等法律效力，是财会监督、审计监督等的重要依据。各有关单位（如医保部门、商业保险单位）可以将财政电子票据作为报销入账和电子归档的合法凭证。

此外，2017年6月，财政部发布的《关于稳步推进财政电子票据管理改革的试点方案》（财综〔2017〕32号）提出，要实现财政电子票据开具、管理、传输、查询、存储、报销入账和社会化应用等全流程无纸化电子控制。2018年11月，财政部发布《关于全面推开财政电子票据管理改革的通知》（财综〔2018〕62号），要求将财政电子票据管理改革推广至所在地区的全部单位和全部财政票据种类。

七、电子票据的保管

电子票据的保管方法包括但不限于以下几种：

(1) 电子票据的纸质打印件报销入账归档，同时应当妥善保存电子票据，并建立电子票据与相关联会计档案的检索关系。

(2) 使用电子专票进行报销、入账且本单位财务信息系统能导出符合国家档案部门规定的电子归档格式的，应当将电子专票与其他电子会计记账凭证等一起归档保存，电子专票不再需要打印和保存纸质件。

(3) 电子档案系统可在规定保管期限内，自动将电子原始凭证及记账凭证、会计报告等电子档案保存在云服务器指定存放路径中，也可批量下载存放至企业的物理服务器中，无需档案室、档案柜等存放空间，相比于纸质存档，大量节省保管成本。

八、电子票据的安全性和可靠性

（一）保障电子票据安全性和可靠性的方式

电子票据的安全性和可靠性可以通过以下方式进行保障：
(1) 采用数字签名技术，确保电子票据的真实性和完整性。
(2) 使用加密技术，保证电子票据在传输过程中不被篡改。
(3) 建立完善的安全管理体系，包括身份认证、权限控制、审计跟踪等。

（二）保障电子票据安全性和可靠性的技术

电子票据的安全性和可靠性可以通过以下技术进行保障：

（1）数字签名技术：使用公钥密码学算法，确保电子票据的真实性和完整性。

（2）加密技术：使用对称或非对称加密算法，保证电子票据在传输过程中不被篡改。

（3）身份认证技术：通过用户名和密码、指纹识别等方式，确认用户的身份，防止未经授权的人员进行操作。

（4）权限控制技术：根据用户的角色和权限，限制用户对电子票据的操作范围。

（5）审计跟踪技术：记录电子票据的操作历史，方便后续的审计和管理。

任务实施

想一想

1. 电子票据给人们的生活带来了哪些便利？
2. 电子票据是否能在将来的某一天完全取代传统纸质票据？
3. 为了加快和助力数字经济发展和会计信息化建设，国家颁布了哪些相关文件？做了哪些方面的工作？
4. 电子票据的开具方如何将电子票据传送到接收方？
5. 电子票据如何被结构化处理？

项目二

电子票据的认知与分类

 知识目标

1. 掌握电子票据的票面信息及要素。
2. 掌握各类电子票据的分类与特点。

 能力目标

1. 准确识别各类电子票据及其票面要素。
2. 掌握电子票据分类的标准。
3. 能够将各类电子票据进行准确的归类。

 素质目标

1. 培养创新思维和独立思考能力。
2. 培养团队合作能力。
3. 培养沟通能力。
4. 培养社会责任感,注重合法合规操作与做出社会贡献。

任务一 电子票据的票面信息及要素

 案例导入

小明大学毕业后进入上海卓悦(集团)股份有限公司从事财务相关工作,面对各个部门提交过来的电子票据,小明犯了难:这么多电子票据,不清楚它们的具体用途是什

么、不同的电子票据上都有哪些票面要素，有些电子票据明明长得很像，但是用途大相径庭。于是小明下定决心跟着他的师父好好学习电子票据知识。

任务准备

一、电子票据的基本信息及要素

电子票据是以数字形式存储、传输和使用的票据，纸质票据是以纸张为载体的票据。电子票据和纸质票据只是票据的两种不同表现形式，其票面的基本信息及要素是一样的。

票据的基本信息及要素主要包括以下内容：

(1) 票据号码：每张票据都应具备唯一的票据号码，用于标识该票据。
(2) 开票日期：票据的开票日期，决定了票据的有效期限。
(3) 收款人信息：包括收款人的姓名、地址等。
(4) 付款人信息：包括付款人的姓名、地址等。
(5) 金额：票据所涉及的交易金额。
(6) 税额：票据所涉及的税款金额。
(7) 备注：记录与票据相关的其他信息。

需要注意的是，不同种类的票据具体的票面信息及要素会存在一定的差异。

二、电子票据一览表（表1-1）

表1-1 电子票据一览表

序号	电子票据名称
1	数电票（增值税专用发票）
2	数电票（普通发票）
3	建筑服务电子发票
4	旅客运输服务电子发票
5	货物运输服务电子发票
6	不动产销售电子发票
7	不动产经营租赁服务电子发票
8	农产品收购电子发票
9	自产农产品销售电子发票
10	稀土电子发票
11	增值税电子专用发票
12	增值税电子普通发票

续表

序号	电子票据名称
13	电子银行承兑汇票
14	电子商业承兑汇票
15	网上银行电子回执单
16	销售订单
17	销售出库单
18	销售退货单
19	其他出库单
20	采购订单
21	采购入库单
22	采购退货单
23	其他入库单
24	暂估入库单
25	暂估回冲单
26	领料单
27	产成品入库单
28	调拨出库单
29	调拨入库单
30	财政电子票据
31	电子非税收入一般缴款书

三、电子票据的具体票面信息及要素

下面将对表 1-1 中电子票据的票面信息及要素展开介绍。

(一) 数电票 (增值税专用发票) 和数电票 (普通发票)

1. 定义

数电票是全面数字化的电子发票的简称。它依托电子发票服务平台，具有不以纸质形式存在、不用介质支撑、无须申请领用的特点。数电票与纸质发票具有同等法律效力，但具备领票流程更简化、开票用票更便捷、入账归档一体化的优点。

2. 数电票适用的主要业务

（1）企业购买商品或接受服务时需要开具增值税专用发票作为购买商品或服务的凭证。

（2）企业销售商品或提供服务时需要向购买方开具增值税专用发票作为销售商品或提供服务的凭证。

3. 数电票（增值税专用发票）示例（图 2-1）

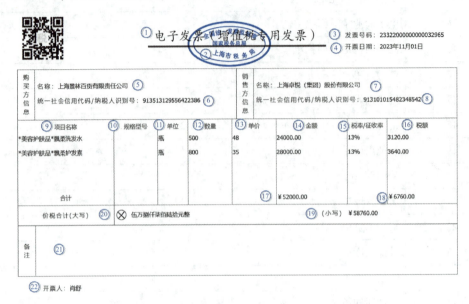

图 2-1　数电票（增值税专用发票）示例

4. 数电票（增值税专用发票）票面信息及要素

① "专用发票" 字样：票据的标识，表明了发票的性质和用途。

② 发票监制章及开票省市级名称：税务机关的发票监制章标明了发票开具的行政区划。

③ 发票号码：每张发票都有唯一的号码，用于标识不同的票据。

④ 开票日期：发票开具的日期，也是其有效期的开始。

⑤ 购买方名称：购买商品、接受服务的企业或个人的名称。

⑥ 购买方统一社会信用代码：购买方的唯一信用标识，用于识别购买方。

⑦ 销售方名称：销售商品、提供服务的企业或个人的名称。

⑧ 销售方统一社会信用代码：销售方的唯一信用标识，用于识别销售方。

⑨ 项目名称：交易的项目或商品的名称。

⑩ 规格型号：商品的规格和型号。

⑪ 单位：商品的计量单位，如个、件、千克、平方米等。

⑫ 数量：购买商品的数量、提供服务的数量等。

⑬ 单价：商品、服务的不含税销售单价。

⑭ 金额：每个项目的金额小计，即第⑫项数量与第⑬项单价的乘积。

⑮ 税率/征收率：适用的税率或征收率，包括 13%、9%、6%、5%、3%、0%、免税等。

⑯ 税额：每个项目的税额小计，即第⑭项金额与第⑮项税率/征收率的乘积。

⑰ 金额列合计：所有项目金额的合计数，即第⑭项金额的合计数。

⑱ 税额列合计：所有项目税额的合计数，即第⑯项税额的合计数。

⑲ 价税合计（小写）：第⑰项金额列合计数与第⑱项税额列合计数之和，以小写形式表示。

⑳ 价税合计（大写）：第⑰项金额列合计数与第⑱项税额列合计数之和，以大写形式表示。价税合计（大写）与价税合计（小写）保持一致。

㉑ 备注：额外的信息或说明，如购买方、销售方的开户行名称和账号、特定业务的特殊内容等。

㉒ 开票人：开具发票的人员姓名。

5. 数电票（普通发票）示例（图2-2）

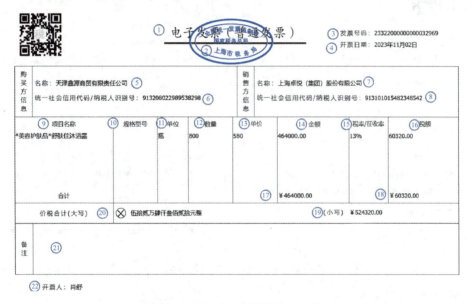

图 2-2　数电票（普通发票）示例

6. 数电票（普通发票）票面信息及要素

①"普通发票"字样：票据的标识，表明了发票的性质和用途。

②—㉒项的票面信息及要素与数电票（增值税专用发票）相同。

这些票面信息及要素构成了数电票（增值税专用发票）和数电票（普通发票）的核心内容，每一项对于票据的准确性和合法性都有着重要的意义。这也是电子票据的核心要素，通过数字化方式实现了票据信息的准确传递和记录。

可以发现，数电票（增值税专用发票）与数电票（普通发票）的票面信息及要素除了第一项发票字样不一致外，其余都是一致的；而数电票（增值税专用发票）与数电票（普通发票）的作用有所不同，当企业购进货物或服务用于企业的正常生产经营活动时，取得数电票（增值税专用发票）可以抵扣进项税额，而取得数电票（普通发票）不可以抵扣进项税额。

由于数电票（增值税专用发票）与数电票（普通发票）的票面信息及要素除了第一项发票字样不一致外，其余都是一致的，下面在介绍数电票时将只介绍其中一种类型。

(二) 数电票_建筑服务（增值税专用发票）

1. 定义

建筑服务发票是指在建筑服务过程中，由建筑服务提供者向甲方开具的发票。个人提供建筑服务，应向建筑服务发生地主管税务机关申报纳税。因此，个人提供建筑服务，应该向建筑服务发生地税务机关申请代开增值税发票。

2. 数电票_建筑服务（增值税专用发票）示例（图 2-3）

图 2-3　数电票_建筑服务（增值税专用发票）示例

3. 数电票_建筑服务（增值税专用发票）票面信息及要素

① 特定业务名称：表明建筑服务特定业务的名称。税务机关为满足从事特定行业、经营特殊商品服务及特定应用场景业务的纳税人开具发票的个性化需求，根据现行发票开具的有关规定和特定业务的开票场景，在数电票中设计相应的特定内容。特定业务包括但不限于稀土、建筑服务、旅客运输服务、货物运输服务、不动产销售、不动产经营租赁服务、农产品收购、光伏收购、代收车船税、自产农产品销售、差额征税、民航、铁路等。

② — ⑩ 项的票面信息及要素与数电票（增值税专用发票）① — ⑨ 项的票面信息及要素相同。

⑪ 建筑服务发生地：工程项目服务的发生地名称。

⑫ 建筑项目名称：工程项目服务的名称。

⑬ — ㉑ 项的票面信息及要素与数电票（增值税专用发票）⑭ — ㉒ 项的票面信息及要素相同。

第 ⑳ 项备注栏包括的信息有：土地增值税项目编号、跨地（市）标志。

（三）数电票_旅客运输服务（增值税专用发票）

1. 定义

旅客运输服务发票是指旅客运输服务提供者向旅客开具的发票。增值税一般纳税人购进国内旅客运输服务，按照规定可以作为进项税额抵扣。

2. 数电票_旅客运输服务（增值税专用发票）示例（图2-4）

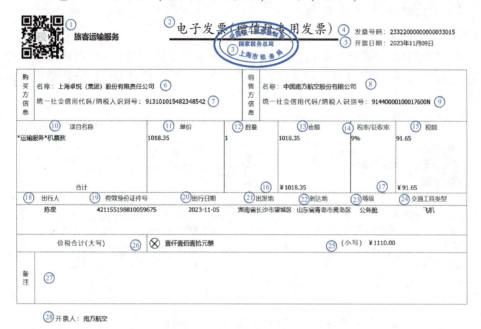

图2-4　数电票_旅客运输服务（增值税专用发票）示例

3. 数电票_旅客运输服务（增值税专用发票）票面信息及要素

① 特定业务名称：表明旅客运输服务特定业务的名称。

②—⑩项的票面信息及要素与数电票（增值税专用发票）①—⑨项的票面信息及要素相同。

⑪ 单价：商品、服务的不含税销售单价。

⑫ 数量：购买商品的数量、提供服务的数量等。

⑬—⑰项的票面信息及要素与数电票（增值税专用发票）⑭—⑱项的票面信息及要素相同。

⑱ 出行人：购买车票的人员姓名。

⑲ 有效身份证件号：购买车票的人员身份证件号码。

⑳ 出行日期：购买的车票日期。

㉑ 出发地：搭乘交通工具的出发地名称。

㉒ 到达地：搭乘交通工具的目的地名称。

㉓ 等级：旅客乘坐交通工具的座位等级。其根据具体交通工具的不同而不同：当旅客乘坐的是飞机时，此时等级包括公务舱、头等舱、经济舱；当旅客乘坐的是火车时，此时等级包括一等座、二等座、软席（软座、软卧）、硬席（硬座、硬卧）；当旅客乘坐的

是船舶时，此时等级包括一等舱、二等舱、三等舱。

㉔ 交通工具类型：旅客所搭乘交通工具的类型，包括飞机、火车、长途汽车、公共汽车、出租车、船舶及其他。

㉕—㉘项的票面信息及要素与数电票（增值税专用发票）⑲—㉒项的票面信息及要素相同。

（四）数电票_货物运输服务（增值税专用发票）

1. 定义

货物运输服务发票是指货物运输服务提供者向客户开具的发票。增值税一般纳税人提供货物运输服务，开具发票时应将起运地、到达地、车种、车号及运输货物信息等内容填写在发票上。

2. 数电票_货物运输服务（增值税专用发票）示例（图2-5）

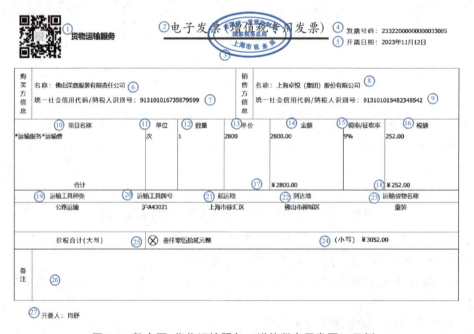

图2-5 数电票_货物运输服务（增值税专用发票）示例

3. 数电票_货物运输服务（增值税专用发票）票面信息及要素

① 特定业务名称：表明货物运输服务特定业务的名称。

②—⑩项的票面信息及要素与数电票（增值税专用发票）①—⑨项的票面信息及要素相同。

⑪—⑱项的票面信息及要素与数电票（增值税专用发票）⑪—⑱项的票面信息及要素相同。

⑲ 运输工具种类：运送货物所使用的运输工具类型，包括铁路运输、公路运输、水路运输、航空运输、管道运输及其他工具运输。

⑳ 运输工具牌号：用于区分不同运输工具的一种编号系统。

㉑ 起运地：货物装箱完毕后启动运输的地名。

㉒ 到达地：货物运达的目的地名称。
㉓ 运输货物名称：运送货物的名称。
㉔—㉗项的票面信息及要素与数电票（增值税专用发票）⑲—㉒项的票面信息及要素相同。

（五）数电票_不动产销售（普通发票）

1. 定义

不动产销售发票是指纳税人发生不动产销售行为时向购买方开具的发票。

2. 数电票_不动产销售（普通发票）示例（图2-6）

图2-6　数电票_不动产销售（普通发票）示例

3. 数电票_不动产销售（普通发票）票面信息及要素

① 特定业务名称：表明不动产销售特定业务的名称。

②—⑩项的票面信息及要素与数电票（普通发票）①—⑨项的票面信息及要素相同。

⑪ 产权证书/不动产权证号：房地产所有权证书上的唯一标识号码，用于标识该不动产的所有权证书。

⑫ 面积单位：销售不动产的面积计量单位（特殊计量用长度单位），包括平方千米（km^2）、平方米（m^2）、孔公里、公顷（hm^2）、亩。

⑬—㉓项的票面信息及要素与数电票（普通发票）⑫—㉒项的票面信息及要素相同。

第㉒项备注栏包括的信息有：不动产单元代码/网签合同备案编号、不动产地址、跨地（市）标志、土地增值税项目编号、核定计税价格、实际成交含税金额等。

(六) 数电票_不动产经营租赁服务（增值税专用发票）

1. 定义

不动产经营租赁服务发票是指纳税人以经营租赁方式出租其取得的不动产时向承租人开具的发票。

2. 数电票_不动产经营租赁服务（增值税专用发票）示例（图2-7）

图2-7 数电票_不动产经营租赁服务（增值税专用发票）示例

3. 数电票_不动产经营租赁服务（增值税专用发票）票面信息及要素

① 特定业务名称：表明不动产经营租赁服务特定业务的名称。

②—⑩项的票面信息及要素与数电票（增值税专用发票）①—⑨项的票面信息及要素相同。

⑪ 产权证书/不动产权证号：经营租赁不动产的证书编号，若没有证书则填写"无"。

⑫ 面积单位：经营租赁不动产的面积计量单位（特殊计量用长度单位），包括米（铁路线与管道等使用）、平方千米（km²）、平方米（m²）、公顷（hm²）、亩。

⑬—㉓项的票面信息及要素与数电票（增值税专用发票）⑫—㉒项的票面信息及要素相同。

第㉒项备注栏包括的信息有：不动产地址、租赁期起止、跨地（市）标志、出租地址等。

（七）数电票_农产品收购（普通发票）

1. 定义

农产品收购发票是指收购单位收购农产品时向农业生产者开具的发票。农产品收购业务，对农业生产者免征增值税，收购单位可以计算抵扣进项税额。

2. 数电票_农产品收购（普通发票）示例（图 2-8）

①农产品收购　②电子发票（普通发票）　③国家税务总局 上海市税务局

④发票号码：23322000000000033205
⑤开票日期：2023年11月20日

购买方信息：名称：上海卓悦（集团）股份有限公司⑥；统一社会信用代码/纳税人识别号：913101015482348542⑦

销售方信息：名称：李秀⑧；统一社会信用代码/纳税人识别号：14010119790820123X⑨

⑩项目名称	⑪规格型号	⑫单位	⑬数量	⑭单价	⑮金额	⑯税率/征收率	⑰税额
*水果*樱桃		千克	5000	4.5	22500.00	免税	**
*水果*苹果		千克	8000	3.8	30400.00	免税	**
合计					⑱¥52900.00		⑲

价税合计（大写）㉑ ⊗伍万贰仟玖佰元整　⑳（小写）¥52900.00

备注 ㉒

㉓开票人：李秀

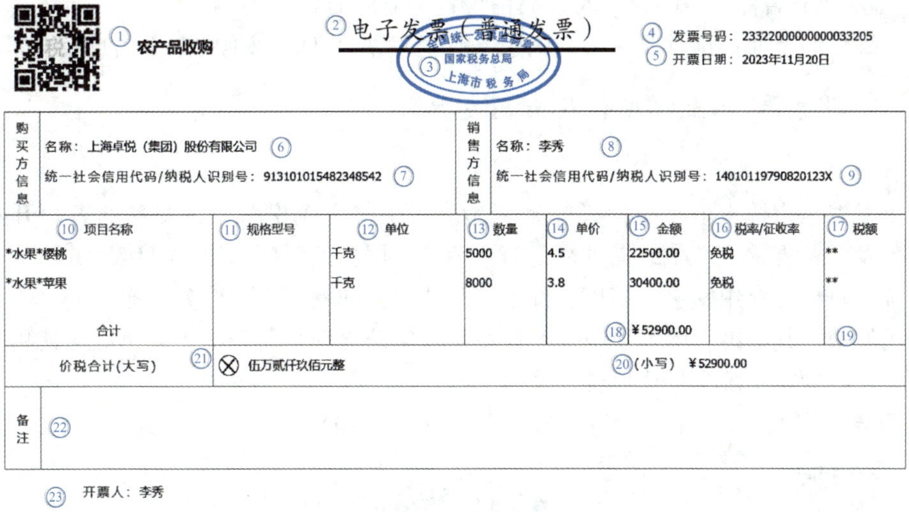

图 2-8　数电票_农产品收购（普通发票）示例

3. 数电票_农产品收购（普通发票）票面信息及要素

① 特定业务名称：表明农产品收购特定业务的名称。

②—㉓项的票面信息及要素与数电票（普通发票）①—㉒项的票面信息及要素相同。

（八）数电票_自产农产品销售（普通发票）

1. 定义

自产农产品销售发票是指农业生产者或合作社等销售自产农产品时向购买单位开具的发票。农业生产者销售的自产农产品也享受免征增值税的优惠政策，购买单位可以计算抵扣进项税额。

2. 数电票_自产农产品销售（普通发票）示例（图 2-9）

①自产农产品销售　②电子发票（普通发票）　③国家税务总局 福建省税务局

④发票号码：23322000000000033208
⑤开票日期：2023年11月20日

购买方信息：名称：上海卓悦（集团）股份有限公司⑥；统一社会信用代码/纳税人识别号：913101015482348542⑦

销售方信息：名称：福建雅阁茶叶有限责任公司⑧；统一社会信用代码/纳税人识别号：91250101284885269X⑨

⑩项目名称	⑪规格型号	⑫单位	⑬数量	⑭单价	⑮金额	⑯税率/征收率	⑰税额
*茶及饮料*白毫银针		千克	5000	380	1900000.00	免税	**
合计					⑱¥1900000.00		⑲

价税合计（大写）㉑ ⊗壹佰玖拾万元整　⑳（小写）¥1900000.00

备注 ㉒

㉓开票人：李婷

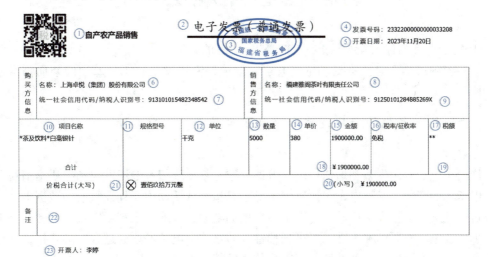

图 2-9　数电票_自产农产品销售（普通发票）示例

3. 数电票_自产农产品销售（普通发票）票面信息及要素

① 特定业务名称：表明自产农产品销售特定业务的名称。

②—㉓项的票面信息及要素与数电票（普通发票）①—㉒项的票面信息及要素相同。

（九）数电票_稀土（增值税专用发票）

1. 定义

稀土发票是指稀土企业向购买稀土产品或接受稀土应税劳务、服务的客户开具的发票。稀土企业销售稀土产品或提供稀土应税劳务、服务的，应当通过升级后的增值税发票管理系统开具稀土专用发票；销售非稀土产品或提供非稀土应税劳务、服务的，不得开具稀土专用发票；其他纳入增值税防伪税控系统汉字防伪项目管理的企业，应当使用升级后的增值税发票管理系统开具增值税发票。

2. 数电票_稀土（增值税专用发票）示例（图 2-10）

图 2-10　数电票_稀土（增值税专用发票）示例

3. 数电票_稀土（增值税专用发票）票面信息及要素

① 特定业务名称：表明稀土（XT）特定业务的名称。

②—㉓项的票面信息及要素与数电票（增值税专用发票）①—㉒项的票面信息及要素相同。

（十）增值税电子专用发票和增值税电子普通发票

1. 定义

增值税电子专用发票和增值税电子普通发票是纸质增值税专用发票和纸质增值税普通发票电子化的产物，又称电子发票。电子发票是指经营活动中开具或收取的数据电文形式的收付款凭证。电子发票突破了传统纸质发票的限制，采取电子签章实现发票签名。电子签章可保证电子发票的唯一性、不可抵赖性及防篡改。电子发票通过数字形式传送和保存发票内容，可通过网络、移动通信等方式传送给接收方。

2. 增值税电子专用发票示例（图2-11）

图 2-11 增值税电子专用发票示例

3. 增值税电子专用发票票面信息及要素

① "专用发票"字样：票据的标识，表明了发票的性质和用途。

② 发票监制章及开票省市级名称：税务机关的发票监制章标明了发票开具的行政区划。

③ 发票代码：税务机关赋予的发票编码，由12位数字组成，企业向当地税务局领用的同一本发票的发票代码相同。

④ 发票号码：每张发票都有唯一的号码，用于标识不同的票据。

⑤ 开票日期：发票开具的日期，也是其有效期的开始。

⑥ 校验码：用于验证发票的真伪，采用公安部制定的印章管理加密算法对每一张发票的相关信息进行加密而产生的唯一编码，保证发票的唯一性，防止发票被篡改。

⑦ 机器编号：打印发票的机器编号，是国家税务总局升级税控开票系统后新增加的一项管控措施，通过该编号能查出开票的实际地点。

⑧ 购买方名称：购买商品、接受服务的企业或个人的名称。

⑨ 购买方纳税人识别号：购买方的唯一信用标识，用于识别购买方。

⑩ 购买方地址、电话：购买方的经营场所地址和电话号码。如果是普通发票，购买方地址、电话可不填写。

⑪ 购买方开户行及账号：购买方的基本户开户银行名称和银行账号。如果是普通发票，购买方开户行及账号可不填写。

⑫ 密码区：用于鉴证发票的真伪，防止发票造假。

⑬ 货物或应税劳务、服务名称：交易的项目或商品的名称。

⑭ 规格型号：商品的规格和型号。

⑮ 单位：商品的计量单位，如个、件、千克、平方米等。

⑯ 数量：购买商品的数量、提供服务的数量等。

⑰ 单价：商品、服务的不含税销售单价。
⑱ 金额：每个项目的金额小计，即第⑯项数量与第⑰项单价的乘积。
⑲ 税率：适用的税率或征收率，包括13%、9%、6%、5%、3%、0%、免税等。
⑳ 税额：每个项目的税额小计，即第⑱项金额与第⑲项税率的乘积。
㉑ 金额列合计：所有项目金额的合计数，即第⑱项金额的合计数。
㉒ 税额列合计：所有项目税额的合计数，即第⑳项税额的合计数。
㉓ 价税合计（小写）：第㉑项金额列合计数与第㉒项税额列合计数之和，以小写形式表示。
㉔ 价税合计（大写）：第㉑项金额列合计数与第㉒项税额列合计数之和，以大写形式表示。价税合计（大写）与价税合计（小写）保持一致。
㉕ 销售方名称：销售商品、提供服务的企业或个人的名称。
㉖ 销售方纳税人识别号：销售方的唯一信用标识，用于识别销售方。
㉗ 销售方地址、电话：销售方的经营场所地址和电话号码。
㉘ 销售方开户行及账号：销售方的基本户开户银行名称和银行账号。
㉙ 备注：额外的信息或说明，如提供货物运输服务，备注栏填写运输货物的名称、起运地、到达地等信息。
㉚ 收款人：开具发票的收款人姓名。
㉛ 复核：开具发票的复核人姓名。
㉜ 开票人：开具发票的人员姓名。
㉝ 销售方：销售方的电子销售发票专用章。

4. 增值税电子普通发票示例（图2-12）

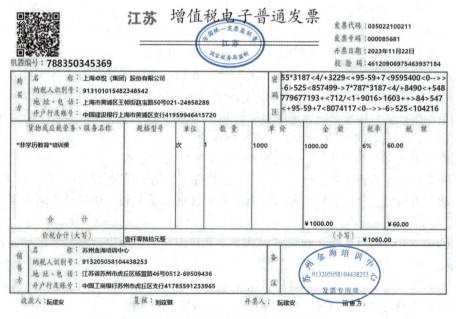

图2-12 增值税电子普通发票示例

5. 增值税电子普通发票票面信息及要素

增值税电子普通发票与增值税电子专用发票除了发票字样不一致外，其他票面信息及要素是一样的，本书对增值税电子普通发票的票面信息及要素不再重复介绍。

（十一）电子商业汇票

1. 定义

电子商业汇票是在电子商业汇票系统中以数据电文形式制作的票据，授权承兑人在特定日期无条件支付确定金额给收款人或持票人。电子商业汇票分为电子银行承兑汇票和电子商业承兑汇票。电子银行承兑汇票由金融机构承兑，而电子商业承兑汇票由除金融机构以外的法人或其他组织承兑。电子商业汇票的承兑人是票据的支付义务人。

2. 票据行为

电子商业汇票的票据行为包括：出票；承兑；转让背书；贴现、转贴现和再贴现；质押；保证；付款；追索。

3. 电子银行承兑汇票（正面）示例（图2-13）

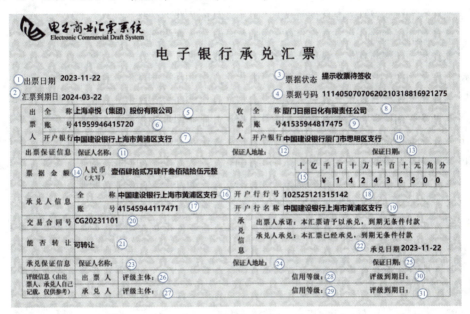

图2-13 电子银行承兑汇票（正面）示例

4. 电子银行承兑汇票（正面）票面信息及要素

① 出票日期：电子商业汇票签发的日期，即出票人创建该票据的日期。

② 汇票到期日：电子商业汇票的付款期限自票据到期日最长不超过10日。

③ 票据状态：显示电子商业汇票的当前状态，如未承兑、已承兑等。

④ 票据号码：每张电子商业汇票都有一个独特的标识号码，用于追踪和识别。

⑤ 出票人全称：出票人的完整名称。

⑥ 出票人账号：出票人的银行账户号码，用于承兑或支付。

⑦ 出票人开户银行：出票人账户所在的银行名称。

⑧ 收款人全称：收款人的完整名称，即票款的受益人。

⑨ 收款人账号：收款人的银行账户号码，用于接收票款。

⑩ 收款人开户银行：收款人账户所在的银行名称。

⑪ 出票保证人名称：若有保证人，须填写保证人的名称。
⑫ 出票保证人地址：若有保证人，须填写保证人的地址。
⑬ 出票保证日期：若有保证人，须填写保证日期。
⑭ 票据金额（大写）：以文字形式表示的电子商业汇票金额。
⑮ 票据金额（小写）：以数字形式表示的电子商业汇票金额。
⑯ 承兑人全称：承兑人的完整名称，即在汇票上签署同意承担支付义务的人。
⑰ 承兑人账号：承兑人的银行账户号码，用于支付票款。
⑱ 承兑人开户行行号：承兑人账户所在开户银行的行号。
⑲ 承兑人开户行名称：承兑人账户所在开户银行的名称。
⑳ 交易合同号：相关交易的合同编号，关联电子商业汇票与实际交易。
㉑ 能否转让：表示电子商业汇票是否可以转让，即是否可以将权利转移给他人。
㉒ 承兑日期：承兑人在电子商业汇票上签署的日期，表示承诺支付票款的日期。
㉓ 承兑保证人名称：若有保证人，须填写保证人的名称。
㉔ 承兑保证人地址：若有保证人，须填写保证人的地址。
㉕ 承兑保证日期：若有保证人，须填写保证日期。
㉖ 出票人评级主体：若出票人有信用评级，指明评级机构或主体。
㉗ 承兑人评级主体：若承兑人有信用评级，指明评级机构或主体。
㉘ 出票人信用等级：若出票人有信用评级，显示其信用等级。
㉙ 承兑人信用等级：若承兑人有信用评级，显示其信用等级。
㉚ 出票人评级到期日：若出票人有信用评级，表示评级的有效期限。
㉛ 承兑人评级到期日：若承兑人有信用评级，表示评级的有效期限。

5. 电子银行承兑汇票（背面）票面信息及要素

电子银行承兑汇票（背面）的票面信息包括：转让背书、保证、买断式贴现背书、提示付款、追索清偿。

(1) 转让背书。

1) 示例（图2-14）。

图2-14 电子银行承兑汇票——转让背书示例

2) 票面信息及要素。

① 票据号码：每张电子商业汇票都有一个独特的标识号码，用于追踪和识别（下同）。

② 背书人名称：持票人将电子商业汇票的权利依法转让给他人时，背书人名称为持

票单位的名称。如：A 公司将汇票的权利依法转让给 B 公司时，背书人处填写 A 公司的名称，被背书人处填写 B 公司的名称。

③ 被背书人名称：持票人将电子商业汇票的权利依法转让给他人时，被背书人名称为收票单位的名称。

④ 不得转让标记：背书记载不得转让标记时，被背书人转让该汇票的，原背书人对其后手的被背书人不承担票据责任。如：A 公司将汇票背书给 B 公司，记载了"不得转让"字样，B 公司却将汇票背书给 C 公司，此时 A 公司只对 B 公司承担票据责任，对 B 公司后面的被背书人不承担票据责任（下同）。

⑤ 背书日期：持票人将电子商业汇票的权利依法转让给他人的日期。

（2）保证。

1）示例（图 2-15）。

图 2-15　电子银行承兑汇票——保证示例

2）票面信息及要素。

① 票据号码。

② 被保证人名称：已经过承兑的电子商业汇票，被保证人是承兑人。未经过承兑的电子商业汇票，被保证人是出票人。

③ 保证人名称：电子商业汇票上记载的债务人以外的保证该票据获得付款的第三人的单位名称。

④ 保证人地址：保证人的经营场所或住址。

⑤ 保证日期：保证人在电子商业汇票上签署的日期。

（3）买断式贴现背书。

1）示例（图 2-16）。

图 2-16　电子银行承兑汇票——买断式贴现背书示例

2）票面信息及要素。

① 票据号码。

② 背书人名称：持票人在票据到期日前，将票据权利背书转让给金融机构，由其扣除一定利息后，将约定金额支付给持票人时，在背书人名称处签署的是持票人的名称。

③ 被背书人名称：在被背书人名称处签署的是金融机构的名称。

④ 不得转让标记。

⑤ 背书日期：办理买断式贴现背书业务的日期。

（4）提示付款。

1）示例（图 2-17）。

电子商业汇票系统
Electronic Commercial Draft System

电子银行承兑汇票

① 票据号码 11140507070620210318816921275

提示付款	
② 提示付款人名称	
③ 提示付款日期	
④ 付款或拒付	
⑤ 付款或拒付日期	
⑥ 拒付理由	

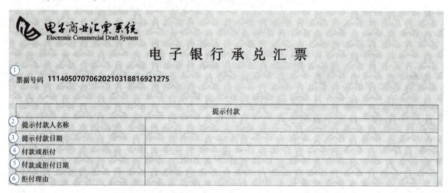

图 2-17 电子银行承兑汇票——提示付款示例

2）票面信息及要素。

① 票据号码。

② 提示付款人名称：持票人通过电子商业汇票系统向承兑人请求付款时，在提示付款人名称处签署的是持票人的名称。

③ 提示付款日期：办理提示付款业务的日期。

④ 付款或拒付：承兑人付款或者拒付的标识。

⑤ 付款或拒付日期：承兑人付款的日期，或者拒付票款的日期。

⑥ 拒付理由：承兑人拒付票款的理由。

（5）追索清偿。

1）示例（图 2-18）。

电子商业汇票系统
Electronic Commercial Draft System

电子银行承兑汇票

① 票据号码 11140507070620210318816921275

追索清偿	
② 追索人名称	
③ 清偿人名称	
④ 追索日期	
⑤ 追索类型	
⑥ 清偿日期	

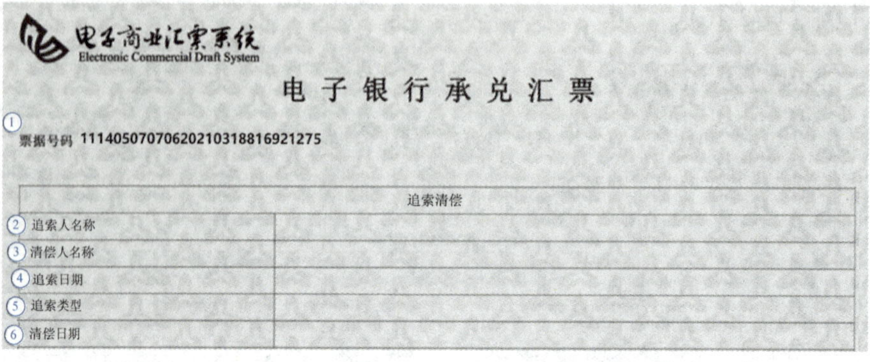

图 2-18 电子银行承兑汇票——追索清偿示例

2）票面信息及要素。

① 票据号码。

② 追索人名称：电子商业汇票到期后被拒绝付款，持票人请求前手付款时，在追索人名称处签署的是持票人的名称。

③ 清偿人名称：持票人向前手请求付款，前手将票据款项支付给持票人时，在清偿人名称处签署的是支付票据款项的单位名称。

④ 追索日期：电子商业汇票提示付款被拒付的日期。

⑤ 追索类型：拒付追索或非拒付追索。

⑥ 清偿日期：持票人向前手请求付款，前手将票据款项支付给持票人的日期。

6. 电子商业承兑汇票（正面）示例（图2-19）

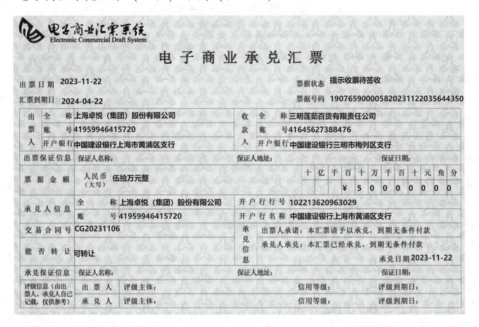

图2-19　电子商业承兑汇票（正面）示例

7. 电子商业承兑汇票票面信息及要素

电子商业承兑汇票的票面信息及要素与电子银行承兑汇票的票面信息及要素，除了汇票的名称不一致外，其他票面信息及要素是一样的，本书对电子商业承兑汇票的票面信息及要素不再重复介绍。

（十二）网上银行电子回执单

1. 定义

网上银行电子回执单是指银行为客户提供的一种电子化的回单，可以用于证明客户的交易行为。不同银行的电子客户专用回单样式各不相同，但基本要素是一致的，都有付款方的信息、收款方的信息、交易的金额、资金的用途等内容。

2. 网上银行电子回执单示例（图 2-20）

图 2-20　网上银行电子回执单示例

3. 网上银行电子回执单票面信息及要素

① 单据名称：银行的电子回执单名称。

② 币别：交易时的币别。

③ 日期：交易日期。

④ 凭证号：交易流水号，具有唯一性。

⑤ 付款人全称：付款单位名称。

⑥ 付款人账号：付款单位的开户银行账号。

⑦ 付款人开户行：付款单位的开户银行名称。

⑧ 收款人全称：收款单位名称。

⑨ 收款人账号：收款单位的开户银行账号。

⑩ 收款人开户行：收款单位的开户银行名称。

⑪ 大写金额：交易的大写金额。

⑫ 小写金额：交易的小写金额。

⑬ 用途：支付款项的用途，如支付货款、发放工资、支付培训费等。

⑭ 验证码：交易的验证码。

⑮ 交易状态：当前交易的状态。

⑯ 制单：银行内部制单人员姓名。

⑰ 复核：银行内部复核人员姓名。

⑱ 主管：银行内部主管人员姓名。

⑲ 重要提示：银行电子回执单的提示语，仅起提示作用。

⑳ 电子签章：银行办理业务的电子专用章。

（十三）内部票据

1. 定义

内部票据是指在企业内部使用的单据，企业的内部票据没有统一的格式。内部票据的形式有电子形式和纸质形式。

本书将以"亿企代账"平台的电子化内部票据为例进行讲解，包括：销售订单、销售出库单、销售退货单、其他出库单、采购订单、采购入库单、采购退货单、其他入库单、暂估入库单、暂估回冲单、领料单、产成品入库单、调拨出库单、调拨入库单。

2. 内部票据示例、票面信息及要素

内部票据大致可以分为以下几类：与销售业务有关的内部票据（销售订单、销售出库单、销售退货单、其他出库单）；与采购业务有关的内部票据（采购订单、采购入库单、采购退货单、其他入库单）；与暂估业务有关的内部票据（暂估入库单、暂估回冲单）；与存货生产业务有关的内部票据（领料单、产成品入库单）；与货物调拨有关的内部票据（调拨出库单、调拨入库单）。

（1）与销售业务有关的内部票据。

1）销售订单示例（图2-21）。

图2-21　销售订单示例

2）销售出库单示例（图2-22）。

图2-22　销售出库单示例

3）销售退货单示例（图2-23）。

图 2-23　销售退货单示例

4）其他出库单示例（图 2-24）。

图 2-24　其他出库单示例

5）票面信息及要素。

① 仓库：商品或材料所存放的仓库名称。

② 往来单位：当前业务往来的单位名称。

③ 日期：制作这张单据的日期。

④ 摘要：对当前业务的描述。

⑤ 单号：单据的号码，具有唯一性。

⑥ 编码/存货名称：所交易商品或材料的编码及存货名称。

⑦ 规格型号：所交易商品或材料的规格型号。

⑧ 单位：所交易商品或材料的计量单位。

⑨ 数量：所交易商品或材料的交易数量。

⑩ 不含税金额：所交易商品或材料的不含税金额。

⑪ 单价：所交易商品或者材料的不含税单价，即第⑩项不含税金额除以第⑨项数量

所得之商。

⑫ 税率：所交易商品或材料的税率。

⑬ 税额：所交易商品或材料的税额，即第⑩项不含税金额与第⑫项税率的乘积。

⑭ 价税合计：所交易商品或材料的价税合计金额，即第⑩项不含税金额与第⑬项税额之和。

⑮ 备注：当前交易的其他说明信息等。

⑯ 合计数量：所交易商品或材料的数量合计，即第⑨项数量的合计数。

⑰ 合计不含税金额：所交易商品或材料的不含税金额合计，即第⑩项不含税金额的合计数。

⑱ 合计税额：所交易商品或材料的税额合计，即第⑬项税额的合计数。

⑲ 合计价税合计：所交易商品或材料的价税合计，即第⑭项价税合计的合计数。

（2）与采购业务有关的内部票据。

1）采购订单示例（图 2-25）。

图 2-25　采购订单示例

2）采购入库单示例（图 2-26）。

图 2-26　采购入库单示例

3）采购退货单示例（图 2-27）。

图 2-27　采购退货单示例

4）其他入库单示例（图 2-28）。

图 2-28　其他入库单示例

5）票面信息及要素。

与采购业务有关的内部票据的票面信息及要素和与销售业务有关的内部票据相同。

（3）与暂估业务有关的内部票据。

1）暂估入库单示例（图 2-29）。

图 2-29　暂估入库单示例

2）暂估回冲单示例（图 2-30）。

图 2-30　暂估回冲单示例

3）票面信息及要素。

暂估入库单：

①—⑪项的票面信息及要素和与销售业务有关的内部票据相同。

⑫—⑭项的票面信息及要素和与销售业务有关的内部票据⑮—⑰ 项的票面信息及要素相同。

暂估回冲单：

①—⑧项的票面信息及要素和与销售业务有关的内部票据相同。

⑨ 冲回数量：上月采购商品或材料已验收入库但尚未收到采购发票，冲回暂估入库的数量。

⑩ 冲回金额：上月采购商品或材料已验收入库但尚未收到采购发票，冲回暂估入库的金额。

⑪ 单价：上月采购商品或材料已验收入库但尚未收到采购发票，暂估入库的单价。

⑫ 备注：回冲暂估入库业务的其他说明信息等。

⑬ 合计冲回数量：回冲暂估入库商品或材料的数量合计数，即第⑨项冲回数量的合计数。

⑭ 合计冲回金额：回冲暂估入库商品或材料的金额合计数，即第⑩项冲回金额的合计数。

（4）与存货生产业务有关的内部票据。

1）领料单示例（图 2-31）。

图 2-31　领料单示例

2）产成品入库单示例（图 2-32）。

图 2-32　产成品入库单示例

3）票面信息及要素。

① 仓库：领用材料或产成品所存放的仓库名称。

② 部门：领用材料或产成品入库的部门名称。

③ 日期：制作这张单据的日期。

④ 摘要：对当前业务的描述。

⑤ 单号：单据的号码，具有唯一性。

⑥ 编码/存货名称：材料或产成品的编码及存货名称。

⑦ 规格型号：材料或产成品的规格型号。

⑧ 单位：材料或产成品的计量单位。

⑨ 数量：领用材料的数量或产成品入库的数量。

⑩ 金额：领用材料的金额或产成品入库的金额。

⑪ 单价：领用材料的单价或产成品入库的单位成本，即第⑩项金额除以第⑨项数量所得之商。

⑫ 备注：领用材料或产成品入库业务的其他说明信息等。

⑬ 合计数量：领用材料的数量合计数或产成品入库的数量合计数。

⑭ 合计金额：领用材料的金额合计数或产成品入库的金额合计数。

（5）与货物调拨有关的内部票据。

1）调拨出库单示例（图 2-33）。

调拨出库单

①仓库 总部电子产品库 ③日期 2023-11-27 ⑤单号 DBCKD-20231127-1

②业务类型 调拨出库 ④摘要 请输入

行号	⑥编码/存货名称	⑦规格型号	⑧单位	⑨数量	⑩调出仓库	⑪调入仓库	⑫备注
1	HL电脑		台	500	总部电子产品库	苏州分部电子产品库	
2							
3							
4							
5							
6							
7							
8							
9							
10							
合计				⑬ 500			

图 2-33 调拨出库单示例

2）调拨入库单示例（图 2-34）。

调拨入库单

①仓库 苏州分部电子产品库 ③日期 2023-11-30 ⑤单号 DBRKD-20231130-1

②业务类型 调拨入库 ④摘要 请输入

行号	⑥编码/存货名称	⑦规格型号	⑧单位	⑨数量	⑩调出仓库	⑪调入仓库	⑫备注
1	HL电脑		台	500	总部电子产品库	苏州分部电子产品库	
2							
3							
4							
5							
6							
7							
8							
9							
10							
合计				⑬ 500			

图 2-34 调拨入库单示例

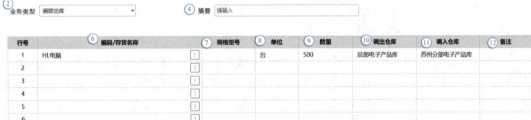

3）票面信息及要素。

① 仓库：调拨出库商品或调拨入库商品所存放的仓库名称。

② 业务类型：调拨出库或调拨入库。

③ 日期：制作这张单据的日期。

④ 摘要：对调拨出入库业务的描述。

⑤ 单号：单据的号码，具有唯一性。

⑥ 编码/存货名称：调拨出库或调拨入库商品的编码及存货名称。

⑦ 规格型号：调拨出库或调拨入库商品的规格型号。

⑧ 单位：调拨出库或调拨入库商品的计量单位。

⑨ 数量：调拨出库或调拨入库商品的数量。

⑩ 调出仓库：调拨出库商品所存放的仓库。

⑪ 调入仓库：调拨入库商品所存放的仓库。

⑫ 备注：调拨业务的其他说明信息等。

⑬ 合计数量：调拨出库或调拨入库商品的数量合计，即第⑨项数量的合计数。

（十四）财政电子票据

1. 定义

财政电子票据是由财政部门监管的，行政事业单位在依法收取政府非税收入或者从事非营利性活动收取财物时，运用计算机和信息网络技术开具、存储、传输和接收的数据电文形式的凭证。财政电子票据的基本特征包括：以数字信息代替纸质文件，以电子签名代替手工签章，通过网络手段进行传输流转，通过计算机等电子载体进行存储和保管。

2. 财政电子票据示例（图 2-35）

图 2-35　财政电子票据示例

3. 财政电子票据票面信息及要素

① 票据名称：财政票据名称。

② 财政票据监制章：财政部的监制章。

③ 票据代码：财政电子票据代码为 8 位数，由财政电子票据监管机构行政区划编码、

财政电子票据分类编码、财政电子票据种类编码、财政电子票据年度编码 4 部分组成。

④ 票据号码：财政电子票据的唯一标识。

⑤ 交款人统一社会信用代码：法定缴款义务人的统一社会信用代码。

⑥ 交款人（单位或个人）：法定缴款义务人的规范名称。

⑦ 校验码：财政电子票据的校验码，查验时使用。

⑧ 开票日期：执收单位开票的日期。

⑨ 项目编码：财政部门为执收单位具体收入项目统一编制的编码。

⑩ 项目名称：按规定程序由财政部门设置的、用于执收单位执收的项目的名称。

⑪ 单位：财政电子票据中各具体收入项目的计量单位。

⑫ 数量：财政电子票据中各具体收入项目的执收数量。

⑬ 标准：财政电子票据中各具体收入项目的收缴标准。

⑭ 金额（元）：财政电子票据中各具体收入项目的收缴金额。

⑮ 金额合计（大写）：缴款金额大写。

⑯ 金额合计（小写）：缴款金额小写。

⑰ 备注：财政电子票据中各具体收入项目的备注信息。

⑱ 其他信息：财政电子票据中其他需要说明的信息。

⑲ 收款单位（章）：财政电子票据中执收单位的电子签章。

⑳ 复核人：财政电子票据的复核人姓名。

㉑ 开票人/收款人：财政电子票据的开票人和收款人姓名。

（十五）电子非税收入一般缴款书

1. 定义

电子非税收入一般缴款书是执收单位收缴政府非税收入时依规开具的、以电子数据形式表现的非税收入一般缴款书，与纸质非税收入一般缴款书具有同等法律效力，具有缴款通知和收款收据功能。

2. 电子非税收入一般缴款书示例（图 2-36）

图 2-36 电子非税收入一般缴款书示例

3. 电子非税收入一般缴款书票面信息及要素

① 票据名称：财政票据名称。

② 财政票据监制章：财政部的监制章。

③ 缴款码：各级财政部门在征收非税收入时按照财政部《政府非税收入缴款识别码规范》通过系统自动生成，用于控制与追踪每笔政府非税收入执收业务的全国统一标识。

④ 执收单位编码：财政部门为执收单位统一编制的编码。

⑤ 执收单位名称：执收单位规范性全称或简称。

⑥ 票据代码：电子非税收入一般缴款书代码设计为8位，分为4部分。第一部分是财政电子票据监管机构行政区划编码（2位），中央用"00"；第二部分是财政电子票据分类编码（2位），固定值03；第三部分是财政电子票据种类编码（2位），固定值01；第四部分是财政电子票据年度编码（2位），用于区分财政电子票据赋码年度，如"21"表示2021年度。

⑦ 票据号码：采用顺序号，用于反映电子非税收入一般缴款书赋码顺序，使用数字表示，共10位，如"0000000001"表示第一份电子缴款书。

⑧ 校验码：电子非税收入一般缴款书的校验码，查验时使用。

⑨ 填制日期：执收单位开票的日期。

⑩ 付款人全称：缴款人的规范名称。

⑪ 付款人账号：缴款人的银行账号。

⑫ 付款人开户行：缴款人的开户银行名称。

⑬ 收款人全称：填写收款人时，有三种填写情形。收款人为国库单一账户的，填写财政部门名称、预算级次、金库名称；收款人为非税收入财政专户的，填写非税收入财政专户名称、账户和开户行；收款人为非税收入财政汇缴专户的，填写执收单位（多为主管部门）名称、账号和开户行。

⑭ 收款人账号：收款单位的银行账号。

⑮ 收款人开户行：收款单位的开户银行名称。

⑯ 币种：执收金额的币种。

⑰ 金额（大写）：缴款金额大写。

⑱ 金额（小写）：缴款金额小写。

⑲ 项目编码：财政部门为执收单位具体非税收入项目统一编制的编码。

⑳ 收入项目名称：按规定程序由财政部门设置的、用于非税执收单位执收的项目的名称。

㉑ 单位：电子非税收入一般缴款书中各具体收入项目的计量单位。

㉒ 数量：电子非税收入一般缴款书中各具体收入项目的执收数量。

㉓ 收缴标准：电子非税收入一般缴款书中各具体收入项目的收缴标准。

㉔ 金额：电子非税收入一般缴款书中各具体收入项目的金额。

㉕ 执收单位（盖章）：电子非税收入一般缴款书中执收单位的电子签章。

㉖ 经办人（盖章）：电子非税收入一般缴款书的经办人姓名。

㉗ 备注：相关备注信息。

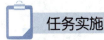

任务实施

要求：请结合【任务准备】所学到的知识，观察北京宏润集团股份有限公司的票据，描述其票面信息及要素。

1. 数电票（增值税专用发票）（图2-37）

图2-37 数电票（增值税专用发票）

票面信息及要素

① "专用发票"字样。

② 发票监制章及开票省市级名称。

③ 发票号码。

④ 开票日期。

⑤ 购买方名称。

⑥ 购买方统一社会信用代码。

⑦ 销售方名称。

⑧ 销售方统一社会信用代码。

⑨ 项目名称。

⑩ 规格型号。

⑪ 单位。

⑫ 数量。

⑬ 单价。

⑭ 金额。

⑮ 税率/征收率。

⑯ 税额。

⑰ 金额列合计。
⑱ 税额列合计。
⑲ 价税合计（小写）。
⑳ 价税合计（大写）。
㉑ 备注。
㉒ 开票人。

2. 数电票（普通发票）（图2-38）

图2-38　数电票（普通发票）

> 票面信息及要素

①"普通发票"字样。

其余票面信息及要素与数电票（增值税专用发票）的一致。

3. 数电票_建筑服务（增值税专用发票）（图2-39）

图2-39　数电票_建筑服务（增值税专用发票）

票面信息及要素

① 特定业务名称。
② 建筑服务发生地。
③ 建筑项目名称。
其余票面信息及要素与数电票（增值税专用发票）的一致。

4. 数电票_旅客运输服务（增值税专用发票）（图 2-40）

图 2-40　数电票_旅客运输服务（增值税专用发票）

票面信息及要素

① 特定业务名称。
② 出行人。
③ 有效身份证件号。
④ 出行日期。
⑤ 出发地。
⑥ 到达地。
⑦ 等级。
⑧ 交通工具类型。
其余票面信息及要素与数电票（增值税专用发票）的一致。

5. 数电票_货物运输服务（增值税专用发票）（图2-41）

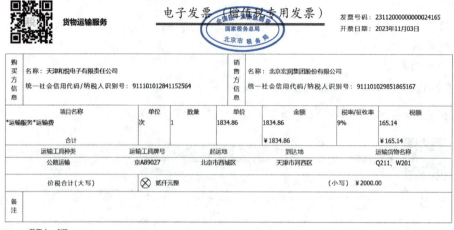

图 2-41　数电票_货物运输服务（增值税专用发票）

票面信息及要素

① 特定业务名称。
② 运输工具种类。
③ 运输工具牌号。
④ 起运地。
⑤ 到达地。
⑥ 运输货物名称。
其余票面信息及要素与数电票（增值税专用发票）的一致。

6. 数电票_不动产销售（增值税专用发票）（图2-42）

图 2-42　数电票_不动产销售（增值税专用发票）

票面信息及要素

① 特定业务名称。
② 产权证书/不动产权证号。
③ 面积单位。
其余票面信息及要素与数电票（增值税专用发票）的一致。

7. 数电票_不动产经营租赁服务（增值税专用发票）（图2-43）

图 2-43　数电票_不动产经营租赁服务（增值税专用发票）

票面信息及要素

① 特定业务名称。
② 产权证书/不动产权证号。
③ 面积单位。
其余票面信息及要素与数电票（增值税专用发票）的一致。

8. 数电票_农产品收购（普通发票）（图2-44）

图 2-44　数电票_农产品收购（普通发票）

票面信息及要素

① 特定业务名称。

其余票面信息及要素与数电票（普通发票）的一致。

9. 数电票_自产农产品销售（普通发票）（图2-45）

图 2-45　数电票_自产农产品销售（普通发票）

票面信息及要素

① 特定业务名称。

其余票面信息及要素与数电票（普通发票）的一致。

10. 数电票_稀土（增值税专用发票）（图2-46）

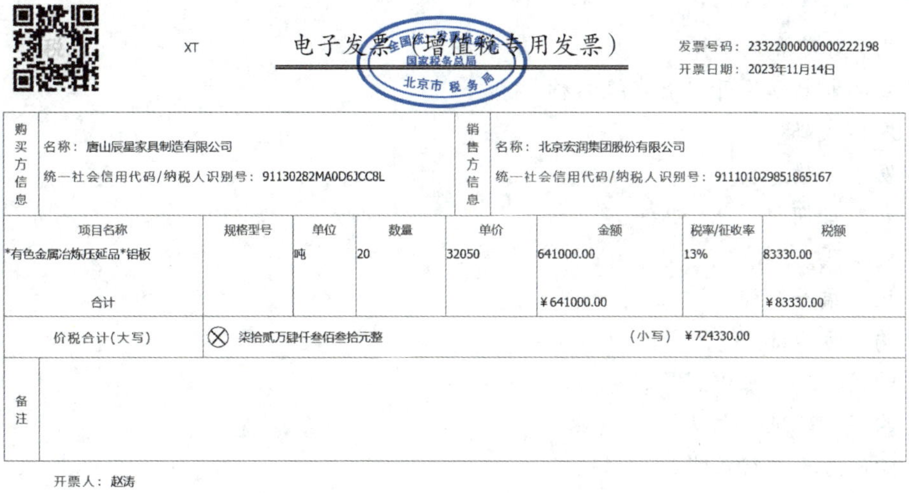

图 2-46　数电票_稀土（增值税专用发票）

票面信息及要素

① 特定业务名称。

其余票面信息及要素与数电票（增值税专用发票）的一致。

11. 增值税电子专用发票（图2-47）

图 2-47　增值税电子专用发票

票面信息及要素

① "专用发票"字样。
② 发票监制章及开票省市级名称。
③ 发票代码。
④ 发票号码。
⑤ 开票日期。
⑥ 校验码。
⑦ 机器编号。
⑧ 购买方名称。
⑨ 购买方纳税人识别号。
⑩ 购买方地址、电话。
⑪ 购买方开户行及账号。
⑫ 密码区。
⑬ 货物或应税劳务、服务名称。
⑭ 规格型号。
⑮ 单位。
⑯ 数量。
⑰ 单价。
⑱ 金额。
⑲ 税率。
⑳ 税额。
㉑ 金额列合计。
㉒ 税额列合计。
㉓ 价税合计（小写）。
㉔ 价税合计（大写）。
㉕ 销售方名称。
㉖ 销售方纳税人识别号。
㉗ 销售方地址、电话。
㉘ 销售方开户行及账号。
㉙ 备注。
㉚ 收款人。
㉛ 复核。
㉜ 开票人。
㉝ 销售方。

12. 增值税电子普通发票（图2-48）

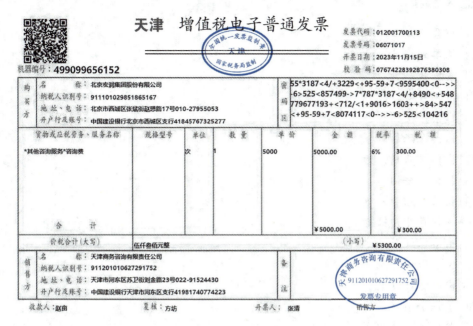

图 2-48　增值税电子普通发票

票面信息及要素

① "普通发票"字样。

其余票面信息及要素与增值税电子专用发票的一致。

13. 电子银行承兑汇票（图2-49）

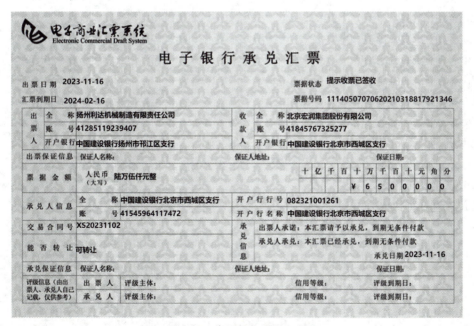

图 2-49　电子银行承兑汇票

票面信息及要素

① 出票日期。
② 汇票到期日。
③ 票据状态。
④ 票据号码。
⑤ 出票人全称。
⑥ 出票人账号。
⑦ 出票人开户银行。
⑧ 收款人全称。
⑨ 收款人账号。
⑩ 收款人开户银行。
⑪ 出票保证人名称。
⑫ 出票保证人地址。
⑬ 出票保证日期。
⑭ 票据金额（大写）。
⑮ 票据金额（小写）。
⑯ 承兑人全称。
⑰ 承兑人账号。
⑱ 承兑人开户行行号。
⑲ 承兑人开户行名称。
⑳ 交易合同号。
㉑ 能否转让。
㉒ 承兑日期。
㉓ 承兑保证人名称。
㉔ 承兑保证人地址。
㉕ 承兑保证日期。
㉖ 出票人评级主体。
㉗ 承兑人评级主体。
㉘ 出票人信用等级。
㉙ 承兑人信用等级。
㉚ 出票人评级到期日。
㉛ 承兑人评级到期日。

14. 电子商业承兑汇票（图2-50）

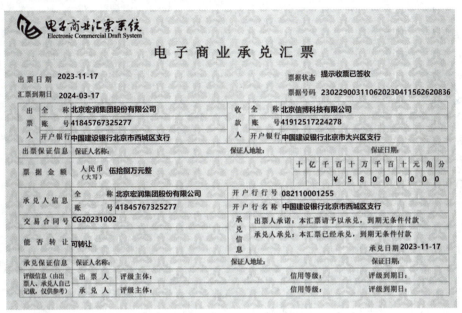

图2-50 电子商业承兑汇票

> **票面信息及要素**

电子商业承兑汇票的票面信息及要素与电子银行承兑汇票的一致。

15. 网上银行电子回执单（图2-51）

中国银行网上银行电子回执单					
币别	人民币	日期	2023-10-19 15:00:00	凭证号：	2587
付款人	全称	北京宏润集团股份有限公司	收款人	全称	苏州金海培训中心
	账号	41845767325277		账号	41785591233965
	开户行	中国银行北京市西城区支行		开户行	中国工商银行苏州市虎丘区支行
大写金额	人民币贰仟零捌拾元整		小写金额	￥2080.00	元
用途	支付培训费		验证码	5809	
交易状态	银行受理成功				
制单	方振				
复核	周洪				
主管	邢建				
重要提示：银行受理成功，本回执不作为收、付款方交易确认的最终依据。					

图2-51 网上银行电子回执单

> **票面信息及要素**

① 单据名称。
② 币别。
③ 日期。
④ 凭证号。
⑤ 付款人全称。
⑥ 付款人账号。
⑦ 付款人开户行。

⑧ 收款人全称。
⑨ 收款人账号。
⑩ 收款人开户行。
⑪ 大写金额。
⑫ 小写金额。
⑬ 用途。
⑭ 验证码。
⑮ 交易状态。
⑯ 制单。
⑰ 复核。
⑱ 主管。
⑲ 重要提示。
⑳ 电子签章。

16. 与销售业务有关的内部票据（图 2-52 至图 2-55）

图 2-52　销售订单

图 2-53　销售出库单

图 2-54　销售退货单

图 2-55　其他出库单

票面信息及要素

① 仓库。

② 往来单位。

③ 日期。

④ 摘要。

⑤ 单号。

⑥ 编码/存货名称。

⑦ 规格型号。

⑧ 单位。

⑨ 数量。

⑩ 不含税金额。

⑪ 单价。

⑫ 税率。

⑬ 税额。

⑭ 价税合计。

⑮ 备注。

⑯ 合计数量。

⑰ 合计不含税金额。

⑱ 合计税额。

⑲ 合计价税合计。

17. 与采购业务有关的内部票据（图 2-56 至图 2-59）

图 2-56　采购订单

图 2-57　采购入库单

图 2-58 采购退货单

图 2-59 其他入库单

票面信息及要素

与采购业务有关的内部票据的票面信息及要素和与销售业务有关的内部票据的一致。

18. 与暂估业务有关的内部票据（图 2-60、图 2-61）

图 2-60 暂估入库单

暂估回冲单

行号	编码/存货名称		规格型号	单位	冲回数量	冲回金额	单价	备注
1	YJCL01AG玻璃	:		片	300	22500.00	75	
2		:						
3		:						
4		:						
5		:						
6		:						
7		:						
8		:						
9		:						
10		:						
	合计				300	22500.00		

图 2-61　暂估回冲单

票面信息及要素

暂估入库单：

和与销售业务有关的内部票据的一致。

暂估回冲单：

① 冲回数量。

② 冲回金额。

③ 合计冲回数量。

④ 合计冲回金额。

其余票面信息及要素和与销售业务有关的内部票据的一致。

19. 与存货生产业务有关的内部票据（图 2-62、图 2-63）

领料单

行号	编码/存货名称		规格型号	单位	数量	金额	单价	备注
1	YJCL01AG玻璃	:		片	1000			
2		:						
3		:						
4		:						
5		:						
6		:						
7		:						
8		:						
9		:						
10		:						
	合计				1000			

图 2-62　领料单

产成品入库单

| 仓库 | 产成品库 | | 日期 | 2023-11-29 | | 单号 | CCPRKD-20231129-1 |
| 部门 | 生产车间 | | 摘要 | 请输入 | | | |

行号	编码/存货名称	规格型号	单位	数量	金额	单价	备注
1	ZX001液晶显示器		台	1000	3500000.00	3500	
2							
3							
4							
5							
6							
7							
8							
9							
10							
	合计			1000	3500000.00		

图 2-63　产成品入库单

票面信息及要素

① 仓库名称。

② 部门名称。

③ 金额。

④ 合计金额。

其余票面信息及要素和与销售业务有关的内部票据的一致。

20. 与货物调拨有关的内部票据（图 2-64、图 2-65）

调拨出库单

| 仓库 | 产成品库 | | 日期 | 2023-11-16 | | 单号 | DBCKD-20231116-1 |
| 业务类型 | 调拨出库 | | 摘要 | 请输入 | | | |

行号	编码/存货名称	规格型号	单位	数量	调出仓库	调入仓库	备注
1	ZX001液晶显示器		台	500	产成品库	天津分公司仓库	
2							
3							
4							
5							
6							
7							
8							
9							
10							
	合计			500			

图 2-64　调拨出库单

调拨入库单

行号	编码/存货名称	规格型号	单位	数量	调出仓库	调入仓库	备注
1	ZX001液晶显示器		台	500	产成品库	天津分公司仓库	
2							
3							
4							
5							
6							
7							
8							
9							
10							
合计				500			

图 2-65　调拨入库单

票面信息及要素

① 业务类型。

② 调出仓库。

③ 调入仓库。

其余票面信息及要素和与销售业务有关的内部票据的一致。

21. 财政电子票据（图 2-66）

图 2-66　财政电子票据

票面信息及要素

① 票据名称。

② 财政票据监制章。

③ 票据代码。

④ 票据号码。

⑤ 交款人统一社会信用代码。
⑥ 交款人（单位或个人）。
⑦ 校验码。
⑧ 开票日期。
⑨ 项目编码。
⑩ 项目名称。
⑪ 单位。
⑫ 数量。
⑬ 标准。
⑭ 金额（元）。
⑮ 金额合计（大写）。
⑯ 金额合计（小写）。
⑰ 备注。
⑱ 其他信息。
⑲ 收款单位（章）。
⑳ 复核人。
㉑ 开票人/收款人。

22. 电子非税收入一般缴款书（图 2-67）

图 2-67　电子非税收入一般缴款书

票面信息及要素

① 票据名称。
② 财政票据监制章。
③ 缴款码。
④ 执收单位编码。
⑤ 执收单位名称。

⑥ 票据代码。
⑦ 票据号码。
⑧ 校验码。
⑨ 填制日期。
⑩ 付款人全称。
⑪ 付款人账号。
⑫ 付款人开户行。
⑬ 收款人全称。
⑭ 收款人账号。
⑮ 收款人开户行。
⑯ 币种。
⑰ 金额（大写）。
⑱ 金额（小写）。
⑲ 项目编码。
⑳ 收入项目名称。
㉑ 单位。
㉒ 数量。
㉓ 收缴标准。
㉔ 金额。
㉕ 执收单位（盖章）。
㉖ 经办人（盖章）。
㉗ 备注。

任务二　电子票据的分类与特点

案例导入

小明在师父的带领下，已经将各大电子票据的票面信息及要素全部掌握，但是在对这些电子票据进行分类的时候又犯了难，不清楚哪些票据被分类到外来原始凭证，哪些票据被分类到自制原始凭证，哪些票据是通用凭证，哪些票据是专用凭证，等等。于是小明下定决心跟着师父好好学习电子票据的分类知识。

任务准备

会计凭证是记录经济业务、明确经济责任，按照一定格式编制的据以登记会计账簿的书面证明，用来记载经济业务的发生，明确经济责任，作为记账依据。

会计凭证按其编制程序和用途的不同，可分为原始凭证和记账凭证。

本书主要介绍作为原始凭证的电子票据的相关知识点，不涉及记账凭证。

一、原始凭证的种类

原始凭证又称单据,是会计凭证的一种,也是会计核算的基础。由于原始凭证的内容不同、格式多样、种类繁多,可以按其来源、表达的经济内容、用途和格式等进行分类。

(一) 按取得的来源分类

原始凭证按取得的来源不同,可分为外来原始凭证和自制原始凭证。

1. 外来原始凭证

外来原始凭证是指在与外单位发生经济业务往来时,从外单位取得的凭证,如企业购买商品、材料时取得的发票,员工出差时取得的机票、火车票、住宿费发票、高速公路通行费发票,等等。

2. 自制原始凭证

自制原始凭证是指在经济业务发生或完成时,由本单位内部经办部门或人员填制的凭证,如采购的材料办理入库手续时填制的收料单、车间生产加工产品领用原材料时填制的领料单、财务部门编制的应付工资单、员工出差归来后填制的差旅费报销单等。

(二) 按凭证格式及适用范围分类

原始凭证按凭证格式及适用范围不同,可分为通用凭证和专用凭证。

1. 通用凭证

通用凭证是指全国或某一地区、某一部门制定的统一格式的原始凭证,如由中国人民银行制定的信汇结算凭证、由国家税务部门制定的发票、由国家铁路局制定的火车票等。

2. 专用凭证

专用凭证是指单位内部根据本单位管理要求设计的具有特色内容、特定格式和专门用途的原始凭证,如员工出差归来后填制的差旅费报销单、企业固定资产折旧计算表、财务部门编制的应付工资单等。

(三) 按填制手续及内容分类

原始凭证按填制手续及内容不同,可分为一次凭证、累计凭证和汇总凭证。

1. 一次凭证

一次凭证是指只反映一项经济业务或同时记录若干项同类性质经济业务的原始凭证,其填制手续是一次性完成的,如购进材料的入库单、领取生产产品所需用料填制的领料单、员工向单位借款填制的借款单等。

2. 累计凭证

累计凭证是指反映一定时期内(一般以一个月为限)连续发生的同类经济业务的自制原始凭证,其填制手续是随着经济业务的发生而分次进行的,如限额领料单。

3. 汇总凭证

汇总凭证是指根据一定时期内反映相同经济业务的多张原始凭证,汇总编制而成的自制原始凭证，用于集中反映某项经济业务的发生情况，如工资汇总表、现金收入汇总表、发料汇总表等。

二、电子票据的特点

1. 数字化形式

电子票据以数字化形式存在，便于传输、存储和管理。

2. 便捷

电子票据可以随时随地通过互联网传输和存储，减少了传统纸质票据的流程和时间成本。

3. 安全

电子票据采用数字签名、加密等技术保障其真实性和完整性，避免了伪造、篡改等问题。

4. 可追溯

电子票据可以通过区块链等技术实现信息共享和可追溯，方便监管部门对票据交易的监督和管理。

5. 环保

电子票据不需要使用纸张等资源，有利于节约资源和保护环境。

6. 效率高

电子票据可以快速处理和结算，提高了交易效率。

7. 灵活

电子票据系统可以与其他系统集成，实现信息共享和自动化处理。

三、具体票据分类

本书将以"上海卓悦（集团）股份有限公司"为主体企业，对其相应的电子票据按照适用的分类方法进行分类。以下将本项目任务一中介绍到的电子票据分为五类进行讲解，分别是电子发票、电子商业汇票、网上银行电子回执单、内部电子票据、财政电子票据。

（一）电子发票分类

1. 外来原始凭证或自制原始凭证

在对电子发票进行分类时，首先根据购买方和销售方信息判断电子发票是外来原始凭证还是自制原始凭证。当购买方是本企业时，电子发票属于外来原始凭证；当销售方是本企业时，电子发票属于自制原始凭证。

2. 通用凭证或专用凭证

由于发票是由国家税务部门统一制定的，所以按照凭证格式及适用范围，电子发票属于通用凭证。

3. 一次凭证、累计凭证或汇总凭证

由于发票是经济业务发生或完成后一次填写完毕，且只反映一项经济业务或同时记录若干项同类性质的经济业务，所以按填制手续及内容，电子发票属于一次凭证。

4. 电子发票分类示例

图 2-68 是一张数电票（增值税专用发票），是上海卓悦（集团）股份有限公司因销售商品向上海景林百货有限责任公司开具的销售发票。销售方是本企业上海卓悦（集团）股份有限公司，购买方是上海卓悦（集团）股份有限公司的客户，由此可以判断该发票是由本单位内部经办部门或人员开具的。按取得的来源，可以将该发票分类为自制原始凭证；由于发票是由国家税务部门统一制定的，所以按凭证格式及适用范围，可以将该发票分类为通用凭证；按填制手续及内容，可以将该发票分类为一次凭证。

数电票（普通发票）或其他种类的电子发票，其分类标准同数电票（增值税专用发票）一致。其他种类的电子发票只是反映的经济业务内容不同，其分类标准是相同的。

图 2-68　数电票（增值税专用发票）

（二）电子商业汇票分类

1. 外来原始凭证或自制原始凭证

在对电子商业汇票进行分类时，首先根据票面上的出票人和收款人信息判断电子商业汇票是外来原始凭证还是自制原始凭证。当出票人是本企业时，电子商业汇票属于自制原始凭证；当收款人是本企业时，电子商业汇票属于外来原始凭证。

当出票人和收款人均不是本企业时，应查看电子商业汇票背面的被背书人是否为本企业，此时汇票也属于外来原始凭证。这是因为电子商业汇票具有背书的功能，电子商业汇票的收款人或持票人可以将自己拥有的收取货款的票据权利进行转让。

2. 通用凭证或专用凭证

电子商业汇票的样式是统一的。虽然电子商业汇票以数据电文形式存在，但所有提供

电子商业汇票服务的银行、财务公司及电子商业汇票系统在展现电子商业汇票时必须遵循相同的示例格式，所以电子商业汇票属于通用凭证。

3. 一次凭证、累计凭证或汇总凭证

由于电子商业汇票是经济业务发生或完成后一次填写完毕，且只反映一项经济业务或同时记录若干项同类性质的经济业务，所以按填制手续及内容，电子商业汇票属于一次凭证。

4. 电子商业汇票分类示例

电子商业汇票按承兑人不同分为电子银行承兑汇票和电子商业承兑汇票。图 2-69 是一张电子银行承兑汇票，由上海卓悦（集团）股份有限公司出票，经过其开户银行中国建设银行上海市黄浦区支行承兑后，交付厦门日丽日化有限责任公司的一张电子银行承兑汇票。按取得的来源，可以将该汇票分类为自制原始凭证；由于电子商业汇票具有统一的格式，可以将该汇票分类为通用凭证；按填制手续及内容，可以将该汇票分类为一次凭证。

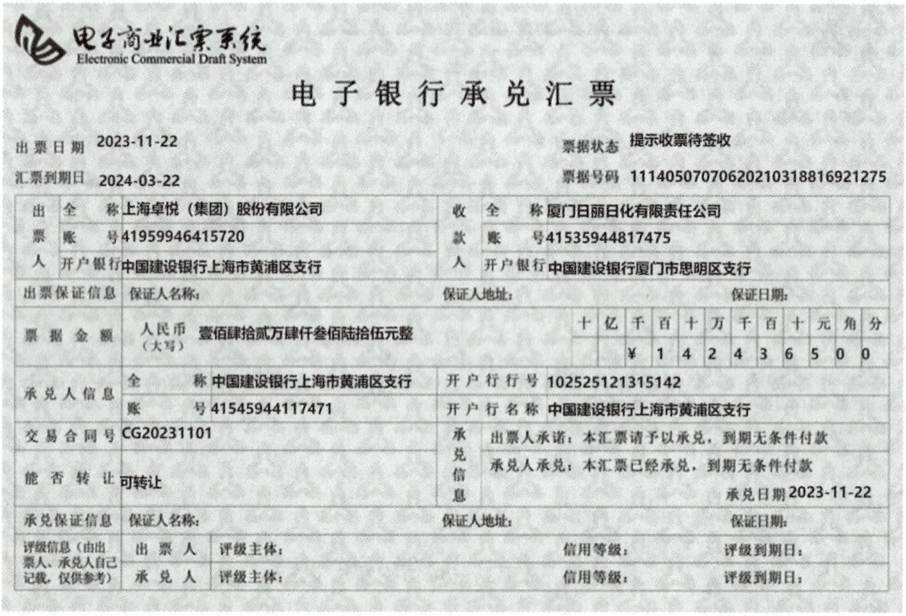

电子商业汇票系统 Electronic Commercial Draft System

电子银行承兑汇票

出票日期 2023-11-22　　票据状态 提示收票待签收

汇票到期日 2024-03-22　　票据号码 11140507070620210318816921275

出票人	全称	上海卓悦（集团）股份有限公司	收款人	全称	厦门日丽日化有限责任公司
	账号	41959946415720		账号	41535944817475
	开户银行	中国建设银行上海市黄浦区支行		开户银行	中国建设银行厦门市思明区支行
出票保证信息	保证人名称：		保证人地址：		保证日期：
票据金额	人民币（大写）	壹佰肆拾贰万肆仟叁佰陆拾伍元整	十亿千百十万千百十元角分		¥142436500
承兑人信息	全称	中国建设银行上海市黄浦区支行	开户行行号		102525121315142
	账号	41545944117471	开户行名称		中国建设银行上海市黄浦区支行
交易合同号	CG20231101		承兑信息	出票人承诺：本汇票请予以承兑，到期无条件付款	
能否转让	可转让			承兑人承兑：本汇票已经承兑，到期无条件付款	承兑日期 2023-11-22
承兑保证信息	保证人名称：		保证人地址：		保证日期：
评级信息（由出票人、承兑人自己记载，仅供参考）	出票人	评级主体：	信用等级：		评级到期日：
	承兑人	评级主体：	信用等级：		评级到期日：

图 2-69　电子银行承兑汇票

（三）网上银行电子回执单分类

当企业之间发生的经济业务往来涉及资金收付时，应通过网上电子银行办理资金收付业务，或者前往银行柜台办理资金收付业务。以资金支付业务为例，若通过网上电子银行办理，一般由企业的出纳人员在网上电子银行系统内发起付款指令，财务经理审批付款指令，开户银行工作人员完成资金划转；若通过银行柜台办理，则由企业的出纳人员携带齐全证件到银行柜台办理。

1. 外来原始凭证或自制原始凭证

网上银行电子回执单是表明个人或单位在银行办理业务的有效凭证，属于外来原始凭证。

2. 通用凭证或专用凭证

由于网上银行电子回执单由国家相关部门制定，格式统一，所以网上银行电子回执单属于通用凭证。

3. 一次凭证、累计凭证或汇总凭证

由于网上银行电子回执单是经济业务发生或完成后一次填写完毕，且只反映一项经济业务或同时记录若干项同类性质的经济业务，所以按填制手续及内容，网上银行电子回执单属于一次凭证。

4. 网上银行电子回执单分类示例

图 2-70 是一张网上银行电子回执单，由上海卓悦（集团）股份有限公司支付 1 060.00 元的款项给苏州金海培训中心，付款用途是支付一笔培训费。完成款项支付后，上海卓悦（集团）股份有限公司的财务人员在网上电子银行系统内下载这张电子支付凭证。网上银行电子回执单属于外来原始凭证、通用凭证和一次凭证。

中国建设银行网上银行电子回执单					
币别	人民币	日期	2023-11-23 13:00:00	凭证号	3434
付款人	全称	上海卓悦（集团）股份有限公司	收款人	全称	苏州金海培训中心
	账号	41959946415720		账号	41785591233965
	开户行	中国建设银行上海市黄浦区支行		开户行	中国工商银行苏州市虎丘区支行
大写金额	人民币壹仟零陆拾元整		小写金额	￥1060.00	元
用途	支付培训费		验证码	4901	
交易状态	银行受理成功				
制单	王淑				
复核	相志				
主管	李志				
重要提示：银行受理成功，本回执不作为收、付款方交易确认的最终依据。					

图 2-70　网上银行电子回执单

（四）内部电子票据分类

1. 外来原始凭证或自制原始凭证

内部电子票据在本企业内部使用，企业的内部电子票据没有统一的格式。内部电子票据是根据生产经营过程中内部管理需要，由本企业内部人员填制的，所以内部电子票据属于自制原始凭证。

2. 通用凭证或专用凭证

内部电子票据由企业内部自行印制，仅在本企业内部使用，所以内部电子票据属于专用凭证。

3. 一次凭证、累计凭证或汇总凭证

内部电子票据按填制手续及内容不同，可以分类为一次凭证、累计凭证和汇总凭证。一次凭证有自制的领料单、采购入库单、销售订单、销售出库单等；累计凭证有自制的限额领料单；汇总凭证有自制的工资汇总表、收发料凭证汇总表等。

4. 内部电子票据分类示例

下面以销售订单为例展开介绍。前文介绍到的其他内部电子票据的分类与销售订单一致。

图 2-71 是一张销售订单，是由上海卓悦（集团）股份有限公司内部销售人员根据客户的订货需求自制的内部电子票据，详细记载了交易商品名称、数量、单价、金额及客户名称等信息。该票据由企业内部人员填制，且为本企业专用，结合填制手续及内容，可以将该票据分类为自制原始凭证、专用凭证和一次凭证。

图 2-71 销售订单

（五）财政电子票据分类

1. 外来原始凭证或自制原始凭证

财政电子票据是企业取得的由国家机关、事业单位、社会团体或其他组织开具的收款或缴款凭证，属于外来原始凭证。

2. 通用凭证或专用凭证

由于财政电子票据由省（区、市）财政厅（局）统一制定，所以财政电子票据属于通用凭证。

3. 一次凭证、累计凭证或汇总凭证

由于财政电子票据是经济业务发生或完成后一次填写完毕，且只反映一项经济业务或同时记录若干项同类性质的经济业务，所以按填制手续及内容，财政电子票据属于一次凭证。

4. 财政电子票据分类示例

图 2-72 是一张财政电子票据，由上海市财政局向上海卓悦（集团）股份有限公司收取报刊费而开具。该票据是与外单位发生经济业务往来时取得的，属于外来原始凭证；该票据是由上海市财政局统一制定的，属于通用凭证；按填制手续及内容，该票据属于一次凭证。

上海市财政票据（电子）

票据代码：31010223				票据号码：1400000004	
票据名称：行政事业单位往来结算票据				校验码：97ndFK	
交款人统一社会信用代码：913101015482348542				开票日期：2023-11-25	
交款人：上海卓悦（集团）股份有限公司					
项目编码	项目名称	单位	数量	标准	金额	备注
20008	代收刊物征订费	元	1	700	700.00	
金额合计（大写）柒佰元整				（小写）700.00	
收款单位（章）：上海市财政局		复核人：周景卫		开票人/收款人：刘玉颖	

图 2-72 财政电子票据

任务实施

要求：请结合【任务准备】所学到的知识，将北京宏润集团股份有限公司的票据按照适用的票据分类标准进行分类。

1. 数电票（增值税专用发票）（图 2-73）

图 2-73 数电票（增值税专用发票）

票据分类

（1）自制原始凭证。

（2）通用凭证。

（3）一次凭证。

2. 数电票（普通发票）（图 2-74）

图 2-74 数电票（普通发票）

票据分类

（1）自制原始凭证。
（2）通用凭证。
（3）一次凭证。

3. 数电票_建筑服务（增值税专用发票）（图 2-75）

图 2-75 数电票_建筑服务（增值税专用发票）

票据分类

（1）自制原始凭证。
（2）通用凭证。
（3）一次凭证。

4. 数电票_旅客运输服务（增值税专用发票）（图2-76）

图 2-76　数电票_旅客运输服务（增值税专用发票）

票据分类

（1）外来原始凭证。

（2）通用凭证。

（3）一次凭证。

5. 数电票_货物运输服务（增值税专用发票）（图2-77）

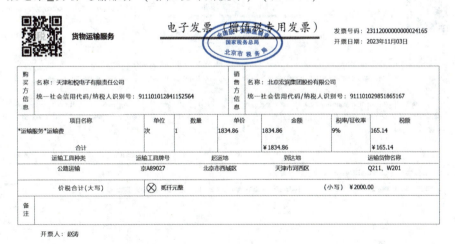

图 2-77　数电票_货物运输服务（增值税专用发票）

票据分类

（1）自制原始凭证。

（2）通用凭证。

（3）一次凭证。

6. 数电票_不动产销售（增值税专用发票）（图2-78）

图 2-78　数电票_不动产销售（增值税专用发票）

票据分类

（1）自制原始凭证。

（2）通用凭证。

（3）一次凭证。

7. 数电票_不动产经营租赁服务（增值税专用发票）（图2-79）

图 2-79　数电票_不动产经营租赁服务（增值税专用发票）

票据分类

（1）自制原始凭证。

（2）通用凭证。

（3）一次凭证。

8. 数电票_农产品收购（普通发票）（图2-80）

图2-80　数电票_农产品收购（普通发票）

票据分类

（1）自制原始凭证。
（2）通用凭证。
（3）一次凭证。

9. 数电票_自产农产品销售（普通发票）（图2-81）

图2-81　数电票_自产农产品销售（普通发票）

票据分类

（1）外来原始凭证。
（2）通用凭证。
（3）一次凭证。

10. 数电票_稀土（增值税专用发票）（图2-82）

图 2-82　数电票_稀土（增值税专用发票）

票据分类

（1）自制原始凭证。
（2）通用凭证。
（3）一次凭证。

11. 增值税电子专用发票（图2-83）

图 2-83　增值税电子专用发票

票据分类

（1）自制原始凭证。
（2）通用凭证。

（3）一次凭证。

12. 增值税电子普通发票（图2-84）

图2-84　增值税电子普通发票

> 票据分类

（1）外来原始凭证。

（2）通用凭证。

（3）一次凭证。

13. 电子银行承兑汇票（图2-85）

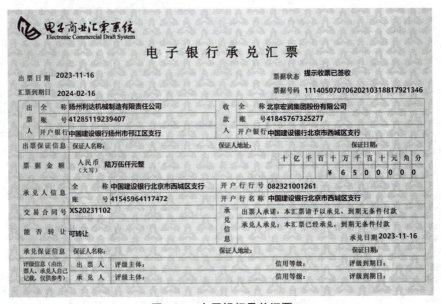

图2-85　电子银行承兑汇票

票据分类

(1) 外来原始凭证。
(2) 通用凭证。
(3) 一次凭证。

14. 电子商业承兑汇票（图2-86）

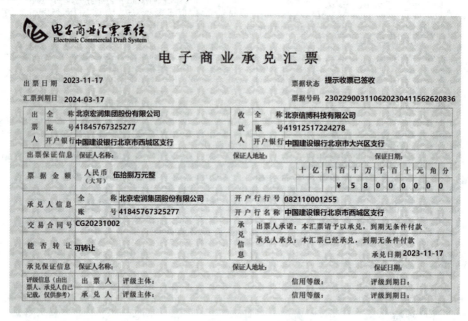

图2-86　电子商业承兑汇票

票据分类

(1) 自制原始凭证。
(2) 通用凭证。
(3) 一次凭证。

15. 网上银行电子回执单（图2-87）

图2-87　网上银行电子回执单

票据分类

（1）外来原始凭证。

（2）通用凭证。

（3）一次凭证。

16. 与销售业务有关的内部票据（图2-88至图2-91）

图2-88　销售订单

行号	编码/存货名称	规格型号	单位	数量	不含税金额	单价	税率	税额	价税合计	备注
1	ZX002机箱		台	2000	1951000.00	975.5	13%	253630.00	2204630.00	
2										
3										
4										
5										
6										
7										
8										
9										
10										
	合计			2000	1951000.00			253630.00	2204630.00	

图2-89　销售出库单

销售退货单

行号	编码/存货名称	规格型号	单位	数量	不含税金额	单价	税率	税额	价税合计	备注
1	RY001碎纸机		台	2	478.00	239	13%	62.14	540.14	
2										
3										
4										
5										
6										
7										
8										
9										
10										
合计				2	478.00			62.14	540.14	

仓库：办公设备库　日期：2023-11-02　单号：XSTHD-20231102-1
往来单位：北京一品商贸有限责任公司　摘要：请输入

图 2-90　销售退货单

其他出库单

行号	编码/存货名称	规格型号	单位	数量	不含税金额	单价	税率	税额	价税合计	备注
1	智能学习机		台	100	28000.00	280	13%	3640.00	31640.00	
2										
3										
4										
5										
6										
7										
8										
9										
10										
合计				100	28000.00			3640.00	31640.00	

仓库：智能设备库　日期：2023-11-09　单号：QTCKD-20231109-1
往来单位：北京希望工程　摘要：请输入

图 2-91　其他出库单

票据分类

（1）自制原始凭证。

（2）专用凭证。

（3）一次凭证。

17. 与采购业务有关的内部票据（图 2-92 至图 2-95）

图 2-92　采购订单

图 2-93　采购入库单

图 2-94　采购退货单

图 2-95　其他入库单

票据分类

（1）自制原始凭证。

（2）专用凭证。

（3）一次凭证。

18. 与暂估业务有关的内部票据（图 2-96、图 2-97）

图 2-96　暂估入库单

暂估回冲单

行号	编码/存货名称	规格型号	单位	冲回数量	冲回金额	单价	备注
1	YJCL01AG玻璃		片	300	22500.00	75	
2							
3							
4							
5							
6							
7							
8							
9							
10							
	合计			300	22500.00		

图 2-97　暂估回冲单

票据分类

（1）自制原始凭证。

（2）专用凭证。

（3）一次凭证。

19. 与存货生产业务有关的内部票据（图 2-98、图 2-99）

领料单

行号	编码/存货名称	规格型号	单位	数量	金额	单价	备注
1	YJCL01AG玻璃		片	1000			
2							
3							
4							
5							
6							
7							
8							
9							
10							
	合计			1000			

图 2-98　领料单

产成品入库单

仓库	产成品库		日期	2023-11-29	单号	CCPRKD-20231129-1
部门	生产车间		摘要	请输入		

行号	编码/存货名称	规格型号	单位	数量	金额	单价	备注
1	ZX001液晶显示器		台	1000	3500000.00	3500	
2							
3							
4							
5							
6							
7							
8							
9							
10							
	合计			1000	3500000.00		

图 2-99 产成品入库单

票据分类

（1）自制原始凭证。

（2）专用凭证。

（3）一次凭证。

20. 与货物调拨有关的内部票据（图 2-100、图 2-101）

图 2-100 调拨出库单

图 2-101　调拨入库单

票据分类

（1）自制原始凭证。

（2）专用凭证。

（3）一次凭证。

21. 财政电子票据（图 2-102）

图 2-102　财政电子票据

票据分类

（1）外来原始凭证。

（2）通用凭证。

（3）一次凭证。

22. 电子非税收入一般缴款书（图 2-103）

北京市非税收入一般缴款书(电子)

缴款码：11060023136000000078
执收单位编码：100089
执收单位名称：北京市海淀区公共资源交易中心
票据代码：11030123
票据号码：0000711801
校验码：aacd7b
填制日期：2023-11-28

	全称	北京宏润集团股份有限公司				全称	北京市财政局非税收入汇缴结算户
付款人	账号	41845767325277			收款人	账号	1302115256100710
	开户行	中国建设银行北京市西城区支行				开户行	中国建设银行海淀区支行

币种：人民币 金额(大写)壹佰叁拾伍元整				(小写)135.00	
项目编码	收入项目名称	单位	数量	收缴标准	金额
07990202	交易服务费	元	1	135.00	135.00

执收单位（盖章）	经办人（签章）王雪婷	备注：

图 2-103　电子非税收入一般缴款书

票据分类

（1）外来原始凭证。
（2）通用凭证。
（3）一次凭证。

项目三

电子票据的开具与填写

 **知识目标**

1. 掌握电子发票的开具与填写。
2. 掌握电子银行指令申请。
3. 掌握内部票据的填写。

 **能力目标**

1. 熟练使用相关工具和技术进行电子票据的操作和管理。
2. 准确填写电子票据的基本信息。
3. 正确选择电子票据的用途说明和签发人信息,并添加必要的备注说明。
4. 掌握数字签名、加密技术等安全措施,确保电子票据的安全性和保密性。
5. 能够根据实际情况选择合适的电子票据形式,并进行有效的管理和查询。
6. 了解电子票据的未来发展趋势和政策法规。

 素质目标

1. 培养信息素养。
2. 培养创新思维。
3. 培养团队合作能力。
4. 培养数字素养。
5. 培养法律意识和社会责任感。

电子票据技术

任务一 电子发票的开具与填写

A公司是一家在电子产品领域具有广泛业务的知名企业，拥有多年的行业经验和良好的市场声誉。A公司的产品涵盖智能手机、笔记本电脑、智能穿戴设备及其他电子配件等多种类别，服务不同需求的个人消费者和企业客户。凭借优质的产品和卓越的客户服务，A公司在业界树立起良好的品牌形象。

近期，A公司与B公司签订了一项重要的购销合同。B公司是一家专注于科技解决方案的中型企业，此次采购旨在为其办公室员工更新办公设备，并为其客户提供更高端的电子产品作为解决方案的一部分。合同涉及的产品包括一批最新型号的智能手机和高性能笔记本电脑，交易金额达到数百万元。

根据双方商定的合同条款，A公司需要在规定的时间内将货物送达B公司指定的仓库，并且提供相应的售后服务保障。同时，为了符合财务审计和税务合规的要求，A公司必须为此次交易开具一份正式的电子发票给B公司。

作为A公司的财务人员，小王负责处理与该笔交易相关的所有财务事宜，包括开具电子发票。小王需要确保电子发票的开具流程符合国家税务总局的规定，并且要仔细核对B公司提供的开票信息，以免信息错误导致后续问题。此外，小王还需要确保电子发票及时发送，以便B公司能够及时进行会计入账和税款抵扣。

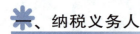

一、纳税义务人

根据纳税人的经营规模及会计核算健全程度的不同，可将增值税的纳税人划分为小规模纳税人和一般纳税人。

（一）小规模纳税人

小规模纳税人的认定标准为年应税销售额500万元及以下。年应税销售额，是指纳税人在连续不超过12个月或4个季度的经营期内累计应征增值税销售额，包括纳税申报销售额、稽查查补销售额、纳税评估调整销售额。

小规模纳税人会计核算健全，能够提供准确税务资料的，可以向税务机关申请登记为一般纳税人，不再作为小规模纳税人。会计核算健全，是指能够按照国家统一的会计制度规定设置账簿，根据合法、有效的凭证进行核算。

小规模纳税人实行简易征税办法，并且一般不使用增值税专用发票，但基于增值税征收管理中一般纳税人与小规模纳税人之间客观存在的经济往来的实情，小规模纳税人可以自行开具增值税专用发票。

（二）一般纳税人

一般纳税人，是指年应税销售额超过财政部、国家税务总局规定的小规模纳税人标准的企业和企业性单位。

一般纳税人实行登记制，除另有规定外，应当向税务机关办理登记手续。下列纳税人不办理一般纳税人登记：

（1）按照政策规定，选择按照小规模纳税人纳税的纳税人。

（2）年应税销售额超过规定标准的其他个人。

纳税人自一般纳税人登记生效之日起，按照增值税一般计税方法计算应纳税额，并可以按照规定领用增值税专用发票，财政部、国家税务总局另有规定的除外。

纳税人登记为一般纳税人后，不得转为小规模纳税人，国家税务总局另有规定的除外。

二、税率或征收率

一般纳税人和小规模纳税人适用的税率或征收率见表3-1。

表3-1　一般纳税人和小规模纳税人适用的税率或征收率

纳税人类型	适用的税率/征收率
一般纳税人	税率：13%（销售一般货物、有形动产租赁服务等）；9%（交通运输服务、邮政服务、基础电信服务、建筑服务、不动产租赁及销售服务、转让土地使用权、销售低税率货物等）；6%（增值电信服务、金融服务、现代服务、生活服务、销售及租赁除土地使用权外的无形资产等）
小规模纳税人	征收率：3%（一般均适用）；5%（涉及不动产业务等）

三、电子发票开具范围

一般纳税人发生应税销售行为，应当向索取增值税专用发票的购买方开具增值税专用发票。

属于下列情形之一的，不得开具增值税专用发票：

（1）商业企业一般纳税人零售烟、酒、食品、服装鞋帽（不包括劳保专用部分）、化妆品等消费品的。

（2）应税销售行为的购买方为小规模纳税人或消费者个人的。

（3）发生应税销售行为适用免税规定的。

（4）单/多用途商业预付卡。

四、电子发票开具要求

电子发票开具要求如下：

(1)项目齐全,与实际交易相符。
(2)字迹清楚,不得压线、错格。
(3)按照增值税纳税义务的发生时间开具。

五、电子发票其他规定

纳税人通过实名认证后,无须使用税控专用设备即可通过电子发票服务平台开具发票,无须进行发票验旧操作。其中,数电票无须进行发票票种核定和发票领用。

(一)发票额度管理

税务机关对纳税人开票实行开具金额总额度管理。开具金额总额度,是指一个自然月内,纳税人发票开具总金额(不含增值税)的上限额度。

(1)试点纳税人通过电子发票服务平台开具的数电票(也称全电发票)、纸质专票和纸质普票及通过增值税发票管理系统开具的纸质专票、纸质普票、增值税普通发票(卷票)、增值税电子专用发票和增值税电子普通发票,共用同一个开具金额总额度。

(2)税务机关依据纳税人的税收风险程度、纳税信用级别、实际经营情况等因素,确定初始开具金额总额度,并进行定期调整、临时调整或人工调整。

定期调整是指电子发票服务平台每月自动对纳税人开具金额总额度进行调整。

临时调整是指税收风险程度较低的纳税人当月开具发票金额首次达到开具金额总额度一定比例时,电子发票服务平台自动为其临时增加一次开具金额总额度。

人工调整是指纳税人因实际经营情况发生变化申请调整开具金额总额度,主管税务机关依法依规审核未发现异常的,为纳税人调整开具金额总额度。

(3)纳税人在增值税申报期内,完成增值税申报前,可以登录电子发票服务平台,在上月剩余可用额度且不超过当月开具金额总额度的范围内开具发票。纳税人按规定完成增值税申报且比对通过后,在电子发票服务平台中可以按照当月剩余可用额度开具发票。

(二)发票交付

纳税人可以通过电子发票服务平台税务数字账户自动交付数电票,也可以通过电子邮件、二维码等方式自行交付数电票。

(三)发票管理

电子发票服务平台税务数字账户自动归集发票数据,供纳税人进行发票的查询、查验、下载、打印和用途确认,并提供税收政策查询、开具金额总额度调整申请、发票风险提示等功能。

(四)红字发票

纳税人发生开票有误、销货退回、服务中止、销售折让等情形,需要通过电子发票服务平台开具红字数电票或红字纸质发票的,按以下规定执行:

(1)受票方未做用途确认及入账确认的,开票方填开《红字发票信息确认单》(以下简称《确认单》）后全额开具红字数电票或红字纸质发票，无须受票方确认。

（2）受票方已进行用途确认或入账确认的，开票方或受票方可以填开《确认单》，经对方确认后，开票方依据《确认单》开具红字发票。

（3）受票方已将发票用于增值税申报抵扣的，应当暂依《确认单》所列增值税税额从当期进项税额中转出，待取得开票方开具的红字发票后，与《确认单》一并作为记账凭证。

六、销售开票业务流程

销售开票业务流程如图3-1所示。

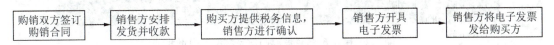

图3-1　销售开票业务流程

实务中，企业在向购买方开具电子发票的时候，需要登录国家税务总局各地市电子税务局官网开具发票。本书以国家税务总局厦门市税务局为例，对数电票的开具流程进行讲解。

七、开具蓝字发票

开具蓝字发票流程如图3-2所示。

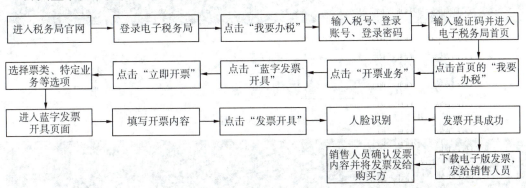

图3-2　开具蓝字发票流程

（一）进入税务局官网

打开网页，搜索"国家税务总局厦门市税务局"并进入官网。此步骤较为简单，就不展开讲解。

（二）登录电子税务局

进入国家税务总局厦门市税务局官网后，点击"厦门市电子税务局"（图3-3）→"我要办税"（图3-4），此时需要验证企业的身份，输入企业的统一社会信用代码/纳税人识别号、办税人员的手机号码和个人登录密码（图3-5）后点击"登录"，系统向该手机号码发送一个6位数的随机验证码，企业的办税人员将收到的验证码输入系统即完成登录（图3-6）。

电子票据技术

图 3-3　国家税务总局厦门市税务局官网页面

图 3-4　登录页面

图 3-5　统一身份认证输入页面

图 3-6　统一身份认证短信验证页面

（三）进入企业办理业务的主页

登录厦门市电子税务局后，进入企业办理业务的主页，如图 3-7 所示。

图 3-7　企业办理业务的主页

（四）开具蓝字发票

（1）在企业办理业务的主页点击"我要办税"→"开票业务"（图 3-8），在开票业务页面选择"蓝字发票开具"（图 3-9），进入国家税务总局电子发票服务平台，点击"立即开票"（图 3-10）。

图 3-8 "我要办税"操作页面

图 3-9 开票业务页面

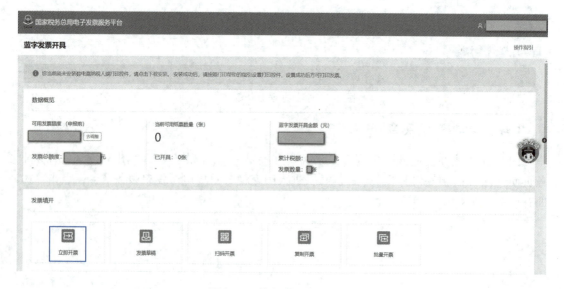

图 3-10 蓝字发票开具页面

（2）系统弹出"立即开票"对话框，此时需要选择票类等参数。"选择票类"选项是开具发票时必须选择的，而其他选项可根据具体的业务进行选择，不是必选项。

"立即开票"对话框中参数介绍:

①"选择票类"的选项包括"增值税专用发票"和"普通发票",企业的开票人员需要根据购买方的需求等相关因素进行选择,如图 3-11 所示。

图 3-11　选择票类页面

②"特定业务"的选项包括"建筑服务""货物运输服务""不动产销售"等,如图 3-12 所示。

图 3-12　选择特定业务页面

③"差额征税"的选项包括"差额征税–全额开票"和"差额征税–差额开票",如图 3-13 所示。"差额征税"的选项不是任何情况下都可以选择,它根据特定业务的不同而不同。

图 3-13　选择差额征税页面

④ "减按征税"的选项包括"销售自己使用过的固定资产"和"住房租赁",如图 3-14 所示。"减按征税"的选项受到"选择票类"和"特定业务"选项的影响,不是任何情况下都可以选择。

图 3-14　选择减按征税页面

(3) 在"选择票类"下拉列表中选择"增值税专用发票",在"特定业务"下拉列表中选择"货物运输服务",点击"确定"按钮,进入具体的开票界面。开票界面有两种展现形式,一种是表单视图(图 3-15),另一种是票样视图(图 3-16)。在表单视图界面点击"切换至票样视图",或在票样视图界面点击"切换至表单视图",即可完成两种视图的切换。

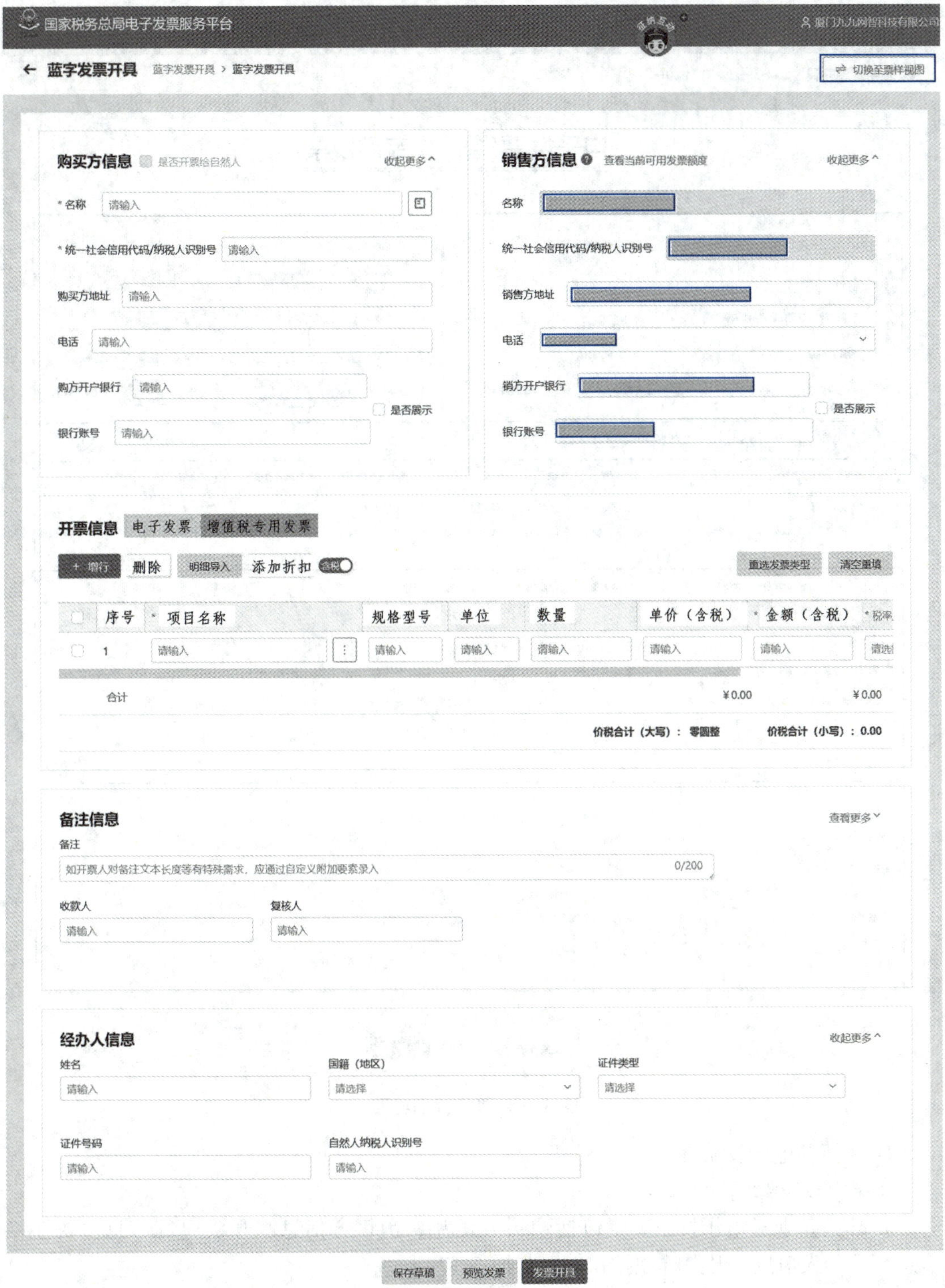

国家税务总局电子发票服务平台
厦门九九网智科技有限公司
蓝字发票开具
蓝字发票开具 > 蓝字发票开具
切换至票样视图
购买方信息
是否开票给自然人
收起更多
*名称
请输入
*统一社会信用代码/纳税人识别号
购买方地址
电话
购方开户银行
是否展示
银行账号
销售方信息
查看当前可用发票额度
名称
统一社会信用代码/纳税人识别号
销售方地址
电话
销方开户银行
银行账号
开票信息
电子发票
增值税专用发票
+ 增行
删除
明细导入
添加折扣
含税
重选发票类型
清空重填
序号
*项目名称
规格型号
单位
数量
单价（含税）
*金额（含税）
*税率
1
合计
¥0.00
价税合计（大写）：零圆整
价税合计（小写）：0.00
备注信息
查看更多
备注
如开票人对备注文本长度等有特殊需求，应通过自定义附加要素录入
0/200
收款人
复核人
经办人信息
姓名
国籍（地区）
证件类型
请选择
证件号码
自然人纳税人识别号
保存草稿
预览发票
发票开具

图 3-15 表单视图界面

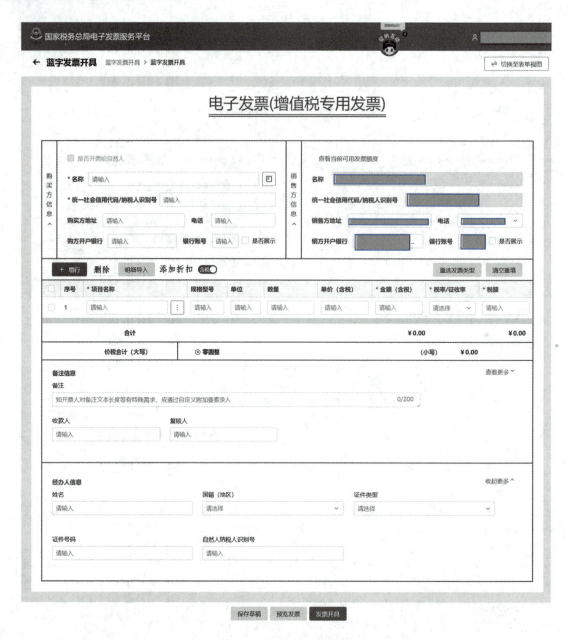

图 3-16 票样视图界面

（4）填开电子发票。

① 电子发票要素：

a. 非特定业务电子发票要素包括购买方信息、销售方信息、开票项目信息、备注栏信息、经办人信息、开票选项按钮等，如图 3-17 所示。

项目三　电子票据的开具与填写

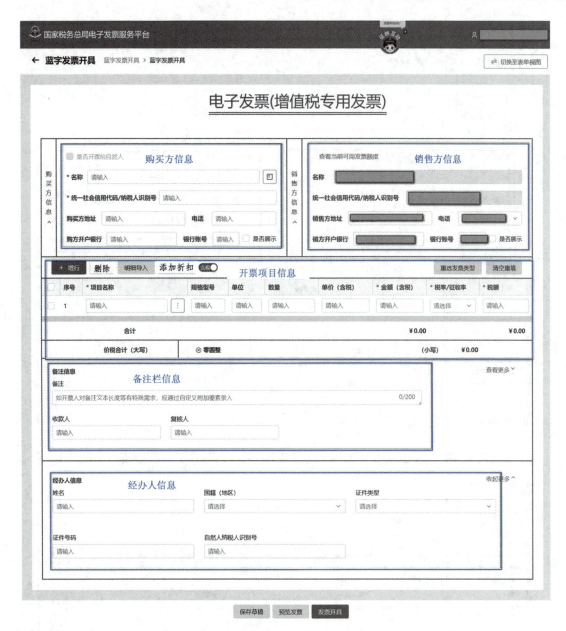

图 3-17　非特定业务电子发票要素

　　b. 特定业务电子发票，以"建筑服务"电子发票为例，其要素包括特定业务名称、购买方信息、销售方信息、开票项目信息、特定信息、备注栏信息、经办人信息、开票选项按钮等，如图 3-18 所示。

图 3-18 特定业务电子发票要素

② 填开电子发票要点：

a. 进入发票填开界面后，开票人员需要根据本企业的业务人员提供的购销合同等资料开具电子发票。

b. 实务中，开票人员需要根据真实发生的经济业务填开发票，填开的购买方信息、货物或服务名称、数量、金额等信息要与购销合同上的信息及收款金额一致。票据填开要符合完整性、准确性等要求。

c. 在开具发票的时候，有些项目是无须填写项，有些项目是必填项，有些项目是选填项。

● 无须填写项：销售方信息（销售方名称、销售方统一社会信用代码/纳税人识别号、销售方地址和电话、销售方开户银行和账号）。这些信息早已登记在电子税务局系统内，其中销售方的名称和统一社会信用代码/纳税人识别号是不允许修改的。

● 必填项：购买方信息（购买方名称、购买方统一社会信用代码/纳税人识别号）、开票项目信息（项目名称、金额、税率/征收率、税额）、特定信息。在票据填开界面对应项目前用星号标识的均为必填项，必填项若没有填写完整，则开票不会成功，系统会预警并有相应提示，直到必填项填写完整为止。

● 选填项：开票项目信息（规格型号、单位、数量、单价）、备注栏信息、经办人信息中除姓名外的其他选项。

d. 填开购买方信息：可以通过直接输入的方式将购买方的相关信息录入系统，也可以通过购买方名称右侧的按钮打开客户信息查询窗口，此时窗口里面已经存在相关企业的客户信息，开票人员直接选择对应的客户即可带入客户的名称、纳税人识别号、地址电话、开户行名称及账号等信息。客户信息查询窗口如图3-19所示。

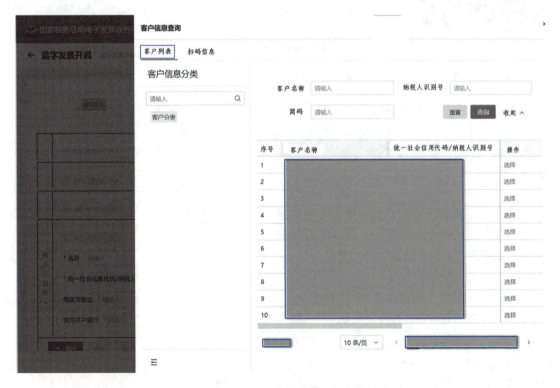

图3-19 客户信息查询窗口

e. 填开开票项目信息：可以直接输入项目名称、规格型号、单位等信息，也可以与购买方信息一样，打开项目信息查询窗口，直接选择对应的项目即可带入项目名称、单位、单价等信息，但要注意，此时数量是需要自行输入的。项目信息查询窗口如图 3-20 所示。

图 3-20　项目信息查询窗口

● 数电票（增值税专用发票）开具业务案例

龙鑫百货商店向武汉市长和建筑有限公司销售一批商品。销售商品信息见表 3-2。

表 3-2　销售商品信息

品名	单位	数量	含税单价/元
A4 打印纸	包	20	18

在此次买卖行为中，龙鑫百货商店是销售方，武汉市长和建筑有限公司是购买方。销售方的相关信息在电子发票填开界面已直接展示，无须填写。购买方的相关信息在录入时可以直接填写，也可以调用客户信息。

购买方的相关信息如下：

名称：武汉市长和建筑有限公司

统一社会信用代码/纳税人识别号：123302004663052877

地址：湖北省武汉市江夏区黄家湖大道 727 号

电话：027-65916488

开户银行：中国银行股份有限公司武汉市大学城支行

银行账号：13572673947500004

开票项目的相关信息如下：

项目名称：＊纸制品＊A4 打印纸

单位：包

数量：20

单价（含税）：18

金额（含税）：360.00

税率/征收率：13%

税额：41.42

注意：金额（含税）、税额为系统自动计算，无须输入。

f. 最后在经办人信息处填写开票人员本人的姓名。

完整的票面信息如图 3-21 所示。

图 3-21　发票填开页面

八、开具红字发票

开具红字发票流程如图 3-22 所示。

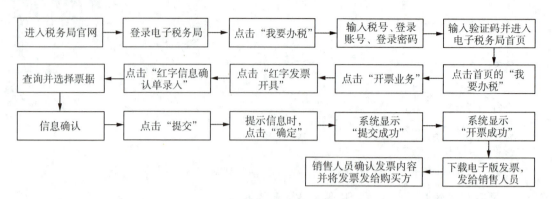

图 3-22 开具红字发票流程

（1）从进入国家税务总局厦门市税务局官网至点击"开票业务"的一系列操作步骤与开具蓝字发票的一致，此处不重复描述。

（2）点击"开票业务"菜单栏中的"红字发票开具"按钮（图 3-23），进入红字发票业务页面，如图 3-24 所示。

图 3-23 开票业务页面

图 3-24 红字发票业务页面

（3）点击常用功能区域中的"红字信息确认单录入"按钮，进入蓝字发票查询和选择页面，如图3-25所示。

图3-25　蓝字发票查询和选择页面

蓝字发票查询和选择页面包括以下查询条件：购/销方选择、对方纳税人识别号、对方纳税人名称、开票日期起、开票日期止、数电票号码、发票代码、发票号码。

购/销方选择：选项包括"我是销售方"和"我是购买方"。开具蓝字发票的一方，录入红字信息确认单时，此处选择"我是销售方"。

对方纳税人识别号、对方纳税人名称：输入对方单位的税号和名称。

开票日期起、开票日期止：选择开票起止时间范围。

数电票号码：输入20位数字的蓝字数电票号码。

发票代码、发票号码：数电票号码与发票代码、发票号码不是并存的，若蓝字发票开具时是数电票，则输入的是数电票号码；若蓝字发票开具时不是数电票，则输入的是发票代码和发票号码。

注意：不需要输入所有的查询条件便可查询到要被红冲的发票，但是开票日期起止时间要选择好，否则即使输入了确切的数电票号码，也不能查询到该发票。

（4）将发票查询出来后，点击"选择"按钮，进入信息确认页面，如图3-26所示。财务人员需要确认已选的这张发票的信息，避免发票选择错误。

若发票选择错误，可点击"上一步"按钮，退回到"选择票据"页面，重新查询并选择发票。

若确认发票选择无误，可在"开具红字发票原因"下拉列表中选择原因。此处原因包括3种：开票有误、服务中止和销售折让。

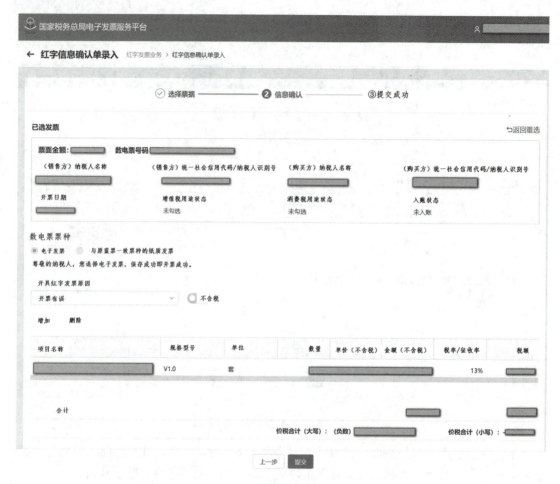

图 3-26 信息确认页面

（5）相关信息确认无误后，点击"提交"按钮，在提示对话框中点击"确定"按钮，如图 3-27 所示。点击"确定"按钮后就不能退回到上一步的操作。

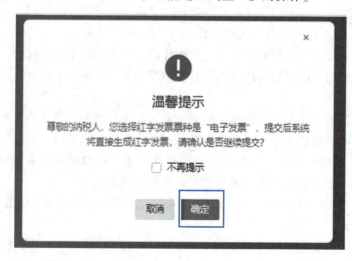

图 3-27 提示信息页面

（6）点击了图 3-27 中的"确定"按钮之后，电子税务局系统将显示提交成功，如图 3-28 所示。红字信息确认单无须对方确认，可直接开具红字发票，如图 3-28 所示。

图 3-28　提交成功页面

（7）电子税务局系统自动开具红字发票，无须财务人员手工填开。红字发票自动填开后，系统将显示开票成功，如图 3-29 所示。

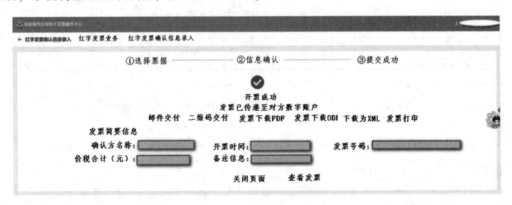

图 3-29　开票成功页面

（8）财务人员可以通过电子邮件、二维码等方式，直接将红字发票交付对方；也可以下载发票到本地电脑，再将下载的发票发送给销售人员，请销售人员将发票转发给对方。下载发票有 3 种方式：发票下载 PDF、发票下载 OFD、下载为 XML，如图 3-30 所示。在此页面点击"查看发票"，即可查看自动填开的红字发票。

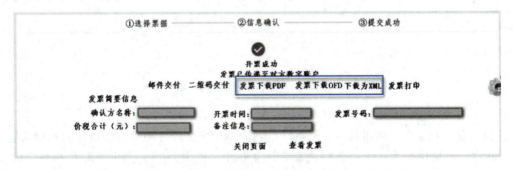

图 3-30　下载红字发票页面

任务实施

要求：请结合【任务准备】所学到的知识，根据题面资料开具电子发票。

1. 数电票（增值税专用发票）

2023 年 10 月 15 日，厦门百洁商贸有限公司向厦门圣鑫酒店有限责任公司销售 10 瓶小苏打洗洁精，含税单价为 35 元，含税金额合计 350 元，税率为 13%，开票人为李红河。要求：请开具厦门百洁商贸有限公司的数电票（增值税专用发票）。

购买方信息：

名称：厦门圣鑫酒店有限责任公司

税号：915101045513334126

地址、电话：福建省厦门市思明区胡俊街刘德路 07 号、0592-06460354

开户行及账号：中国建设银行厦门市思明区支行 41282677399362

发票填开页面如图 3-31 所示。

图 3-31　数电票（增值税专用发票）填开页面

2. 数电票（普通发票）

2023 年 9 月 6 日，福州百货有限责任公司向福州飞恒体育用品有限责任公司销售笔记本 150 本，含税单价为 3 元，含税金额合计 450 元，税率为 13%，开票人为王杰。要求：请开具福州百货有限责任公司的数电票（普通发票）。

购买方信息：
名称：福州飞恒体育用品有限责任公司
税号：9135020363455256569
地址、电话：福建省福州市连江县曹志街侯登路90号、0591-08638787
开户行及账号：中国建设银行福州市连江县支行 41447198985466
发票填开页面如图3-32所示。

图 3-32　数电票（普通发票）填开页面

3. 数电票_建筑服务（普通发票）

2023年6月15日，长沙网络安装维护公司为长沙信息技术服务有限公司安装无线网络，现已完成安装。长沙网络安装维护公司向长沙信息技术服务有限公司收取安装费用并开具一张电子发票，开票人为孟路。要求：请开具长沙网络安装维护公司的数电票（普通发票）。

购买方信息：
名称：长沙信息技术服务有限公司
税号：9143010216666229063
地址、电话：湖南省长沙市芙蓉区崔建街杨建路74号、0731-93478006
开户行及名称：中国建设银行长沙市芙蓉区支行 41790265295191

建筑服务信息见表 3-3。

表 3-3 建筑服务信息

项目名称	无线网安装
建筑服务发生地	长沙信息技术服务有限公司内
建筑项目名称	长沙信息技术服务有限公司无线网络环境建设项目
金额（含税）/元	165 137.61
税率	9%
税额/元	13 635.22
跨地（市）标志	否

发票填开页面如图 3-33 所示。

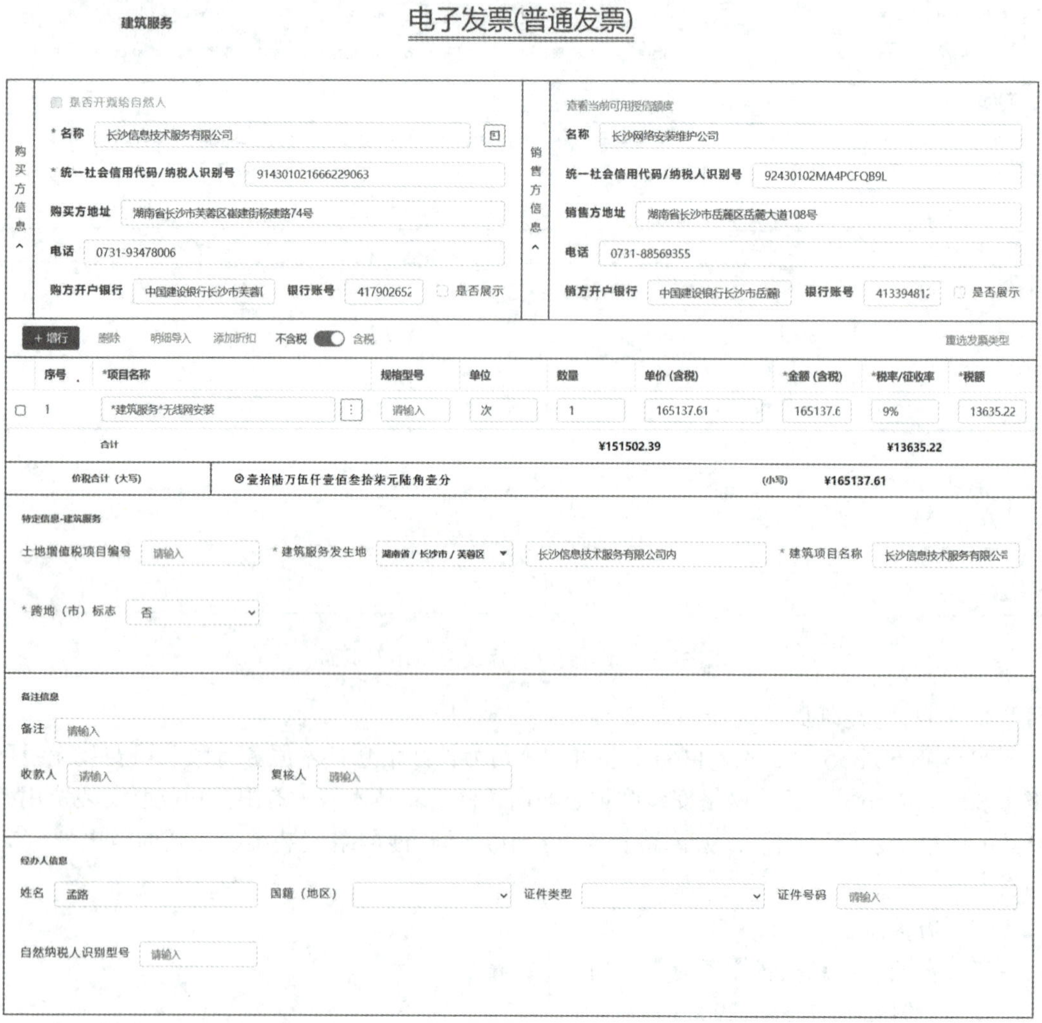

图 3-33 数电票_建筑服务（普通发票）填开页面

4. 数电票_旅客运输服务（普通发票）

2023年3月21日，南京瑞景商贸有限公司的销售经理武知其通过中国南方航空股份有限公司官网申请开具乘坐飞机行程的电子发票，中国南方航空股份有限公司接收到线上开票申请并开具电子发票。要求：请开具中国南方航空股份有限公司的数电票（普通发票）。

购买方信息：
名称：南京瑞景商贸有限公司
税号：915801255536212156
地址、电话：江苏省南京市江宁区上海路61号、025-86858889
开户行及账号：中国建设银行南京市江宁区支行6217001258430012566
旅客运输服务信息见表3-4。

表3-4　旅客运输服务信息

项目名称	机票款
含税单价/元	1 220
数量	1
税率	9%
出行人	武知其
有效身份证件号	42112119800925567X
出行日期	2023年3月21日
出发地	江苏省南京市江宁区
到达地	广东省深圳市宝安区
等级	R
交通工具类型	飞机
开票人	南方航空

发票填开页面如图3-34所示。

图 3-34　数电票_旅客运输服务（普通发票）填开页面

5. 数电票_货物运输服务（增值税专用发票）

2023 年 5 月 3 日，广州安达物流有限公司接到一笔运输订单，须从温州国潮制衣厂运输一批服装到长沙高桥大市场仓库，再分配到长沙各个专卖门店。运输费价税合计 4 480 元。广州安达物流有限公司对比多种运输方案，最终采用公路运输方式，开票人为朱秀丽。要求：请开具广州安达物流有限公司的数电票（增值税专用发票）。

购买方信息：

名称：长沙宇桥服装有限公司

税号：914301047059422541

地址、电话：湖南省长沙市岳麓区金启街马明路 53 号、0731-85559778

开户行及账号：中国工商银行长沙市岳麓区支行 41138521291773

货物运输服务信息见表 3-5。

表 3-5　货物运输服务信息

运输工具	牌号	起运地	到达地	运输货物名称
公路运输	粤 A43020	浙江省温州市龙湾区	湖南省长沙市雨花区	上衣、裤子、鞋袜

发票填开页面如图 3-35 所示。

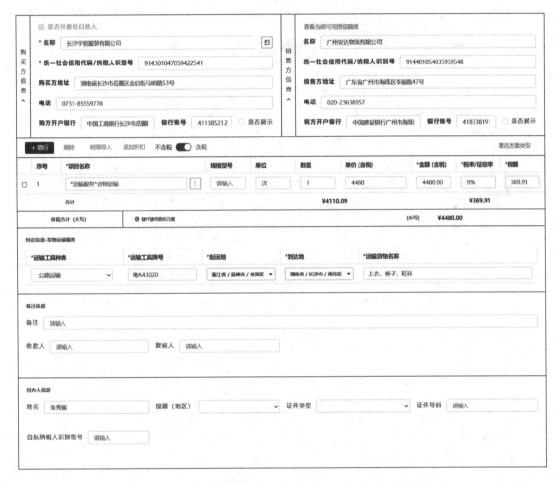

图 3-35　数电票_货物运输服务（增值税专用发票）填开页面

6. 数电票_不动产销售（普通发票）

2023 年 9 月 2 日，泰博地产有限公司向消费者王飞销售一套三居室商品房，房地产成交价格为 219.227 3 万元，房屋面积为 100 平方米，开票人为田甜。要求：请开具泰博地产有限公司的数电票（普通发票）。

不动产销售信息见表 3-6。

表 3-6 不动产销售信息

项目名称	商品房
不动产权证号	厦国土房证第 06527176 号
不动产单元代码	059201012022GS00102F01945503
不动产地址	福建省厦门市同安区 2020TP02 地块 5 跃 5 层 503 室
跨地（市）标志	否
土地增值税项目编号	10510305587

发票填开页面如图 3-36 所示。

图 3-36 数电票_不动产销售（普通发票）填开页面

7. 数电票_不动产经营租赁服务（增值税专用发票）

2023 年 10 月 12 日，苏州房屋租赁有限公司向苏州鑫久服装有限公司出租商铺用于其日常经营，租赁期为 3 年，租赁面积为 300 平方米，租金按月支付，月含税租金为 12 000

元,开票人为苏欢。要求:请开具苏州房屋租赁有限公司的数电票(增值税专用发票)。

购买方信息:

名称:苏州鑫久服装有限公司

税号:9135020127809225X1

地址、电话:江苏省苏州市吴中区南环东路252号、0512-23656328

开户行及账号:中国建设银行苏州市吴中区支行100125988588890

不动产经营租赁服务信息见表3-7。

表3-7 不动产经营租赁服务信息

项目名称	恒德商场301商铺
不动产权证号	苏国土房证第00201245号
不动产地址	江苏省苏州市吴中区南环东路252号
租赁期	2023-10-12 至 2023-11-11
跨地(市)标志	否

发票填开页面如图3-37所示。

图3-37 数电票_不动产经营租赁服务(增值税专用发票)填开页面

8. 数电票_农产品收购（普通发票）

2023年10月1日，太原满发农业有限责任公司向本市的农户王益收购了一批红富士苹果，收购金额为9 000元，开票人为李静。要求：请开具太原满发农业有限责任公司的数电票（普通发票）。

销售方信息：

名称：王益

税号：14010119790820123X

购买方信息：

名称：太原满发农业有限责任公司

税号：911101012841152564

地址、电话：山西省太原市小店区陈一街董俊路51号、0351-05238988

开户行及账号：中国建设银行太原市小店区支行 41782068832321

农产品收购信息见表3-8。

表3-8 农产品收购信息

名称	单位	单价/元	数量	金额/元	备注
苹果	千克	4	2 250	9 000	免税

发票填开页面如图3-38所示。

图3-38 数电票_农产品收购（普通发票）填开页面

9. 数电票_自产农产品销售（普通发票）

2023年11月7日，太原鑫满花卉有限公司前往太原迎泽区的花卉种植基地采购花卉植物，太原迎泽区的太原文轩花卉种植农民专业合作社向太原鑫满花卉有限公司销售了一批康乃馨、水仙花及木槿花，销售金额为53 400元，开票人为王晶。要求：请开具太原文轩花卉种植农民专业合作社的数电票（普通发票）。

购买方信息：
名称：太原鑫满花卉有限公司
税号：912601012848852693
地址、电话：山西省太原市迎泽区贾立街樊金路48号、0351-06107826
开户行及账号：中国建设银行太原市迎泽区支行41223590383361
自产农产品销售信息见表3-9。

表3-9 自产农产品销售信息

名称	单位	单价/元	数量	金额/元	备注
康乃馨	株	1.2	12 000	14 400	免税
水仙花	株	1.8	15 000	27 000	免税
木槿花	株	1.5	8 000	12 000	免税

发票填开页面如图3-39所示。

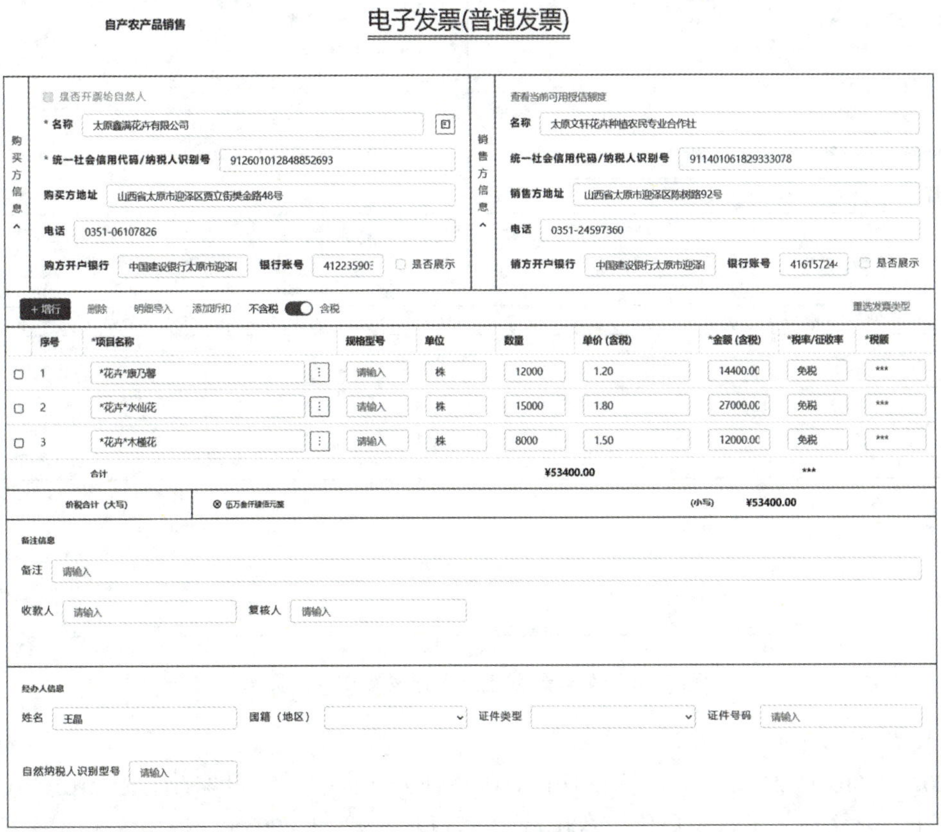

图3-39 数电票_自产农产品销售（普通发票）填开页面

10. 数电票_稀土（普通发票）

2023年11月16日，龙岩市金龙稀土有限公司向南京宏康门窗有限公司销售一批商品，开票人为张利红。要求：请开具龙岩市金龙稀土有限公司的数电票（普通发票）。

购买方信息：

名称：南京宏康门窗有限公司

税号：913201029468467963

地址、电话：江苏省南京市玄武区梁永街徐书路68号、025-86758789

开户行及账号：中国建设银行南京市玄武区支行414300817390075

商品销售信息见表3-10。

表3-10 商品销售信息

编码	产品名称	新牌号	单位	单价/元	数量	金额/元	备注
003	铝棒	2a12	吨	18 000	10	180 000	含税

发票填开页面如图3-40所示。

图3-40 数电票_稀土（普通发票）填开页面

11. 增值税电子专用发票

2023年10月21日，厦门达权日化有限责任公司向厦门东胜家政有限责任公司销售2箱舒肤佳沐浴露，不含税单价为600元，不含税金额为1 200元，税率为13%，开票人为李强。要求：请开具厦门达权日化有限责任公司的增值税电子专用发票。

购买方信息：

名称：厦门东胜家政有限责任公司

税号：913501012841152564

地址、电话：福建省厦门市海沧区贾翠街田爱路 38 号、0592-66134392

开户行及账号：中国建设银行厦门市海沧区支行 41748173543269

发票填开页面如图 3-41 所示。

图 3-41　增值税电子专用发票填开页面

12. 增值税电子普通发票

2023 年 9 月 29 日，南京和圣装卸搬运有限责任公司向南京鼎丰水泥有限责任公司提供装卸搬运服务 1 次，不含税金额为 25 000 元，税率为 6%，开票人为祝星。要求：请开具南京和圣装卸搬运有限责任公司的增值税电子普通发票。

购买方信息：

名称：南京鼎丰水泥有限责任公司

税号：911101020619929983

地址、电话：江苏省南京市玄武区柳德街朱胜路 46 号、025-07472601

开户行及账号：中国建设银行南京市玄武区支行 41772282849913

发票填开页面如图 3-42 所示。

电子票据技术

图 3-42 增值税电子普通发票填开页面

任务二 电子银行指令申请

案例导入

某科技公司是一家生产高端技术设备的公司，因公司业务发展迅速，采购部近期从 A 供应商处采购了一大批办公设备用于公司员工的日常办公，并与 A 供应商签订了购销合同，合同中约定了使用转账的方式支付款项。

小林是该科技公司的出纳人员，在公司内部的办公自动化（OA）系统上看到采购员提交并审核通过的付款申请，便拿出网银 U 盾登录到网银系统，在智能转账操作页面发起了一笔以 A 供应商为收款方的付款指令，并等待财务总监的审批。

任务准备

一、网上银行业务

企业网上银行是指银行通过互联网或专线网络，为企业客户提供账户查询、转账结算、在线支付等金融服务，使企业足不出户就能够安全、便捷地管理账户。

（一）网上银行优势

（1）大大降低银行经营成本，有效提高银行盈利能力。

(2) 无时空限制，有利于扩大客户群体。

(3) 有利于服务创新，向客户提供多种类、个性化服务。

(二) 网上银行分类

1. 按照有无实体分类

按照有无实体，可以将网上银行分为两类。

一类是完全依赖互联网的无形的电子银行，也叫"虚拟银行"。所谓虚拟银行，就是指没有实际的物理柜台作为支持的网上银行，这种网上银行一般只有一个办公地址，没有分支机构，也没有营业网点，采用国际互联网等高科技服务手段与客户建立密切的联系，提供全方位的金融服务。

另一类是传统银行利用互联网为客户提供银行业务在线服务，这实际上是传统银行服务在互联网上的延伸。这是网上银行存在的主要形式，也是绝大多数商业银行采取的网上银行发展模式。

2. 按照服务对象分类

按照服务对象，可以将网上银行分为个人网上银行和企业网上银行两种。

个人网上银行主要适用于个人和家庭的日常消费支付与转账。客户可以通过个人网上银行服务，完成实时查询、转账、网上支付和汇款。个人网上银行服务的出现，标志着银行的业务触角直接伸展到个人客户的电子设备终端，方便个人客户使用银行服务，真正体现了网上银行的风采。

企业网上银行主要针对企业与政府部门等企事业单位客户。企事业单位可以通过企业网上银行服务实时了解单位财务运作情况，及时在单位内部调配资金，轻松处理大批量的网上支付和工资发放业务，并可处理信用证等相关业务。

(三) 网上银行转账业务案例

例 3-1

2023 年 11 月 7 日，龙鑫百货商店采购部余浩申请支付武汉曲辰电子有限责任公司货款 18 000.00 元，已经通过采购负责人、财务经理、总经理审核。请以网上银行转账方式支付货款。

网上银行转账业务大致分为以下几个步骤：

(1) 业务人员发起付款申请。

(2) 企业相关部门人员审批付款申请。

(3) 出纳人员登录企业网上银行提交付款指令。

(4) 财务经理登录企业网上银行审批付款指令。

(5) 企业的开户银行完成资金划转。

(6) 出纳人员打印电子回单。

(7) 企业财务人员进行相应的账务处理。

◎ 案例背景单据

业务人员在 OA 系统发起付款申请，经过相关部门人员审批后的电子付款申请单如图 3-43 所示。

付款申请	
龙鑫百货商店	创建时间：2023-11-07
审批编号	202308071536000080456
创建人	余浩
创建人部门	采购部
付款事由	采购商品支付货款
分类	货款
付款总额	18000
付款方式	转账
最晚支付日期	2023-11-10
账户名	武汉曲辰电子有限责任公司
开户行	中国工商银行武汉市江岸区支行
对方银行账号	6216 8362 3223 7083
付款附件（如合同、发票、标书支付信息等）	《购销合同》.pdf 《采购入库单》.pdf 《增值税专用发票》.pdf 《验收合格单》.pdf
审批流程	财务审核 已同意　　　　2023-11-07 15:43:34 总经理 已同意　　　　　2023-11-08 10:21:34 抄送 1xbh0020, 1xbh0019　　2023-11-08 10:21:34

图 3-43　电子付款申请单（例 3-1）

◎ 案例操作

（1）出纳人员登录企业网上银行提交付款指令。

出纳人员将操作 U 盾插入电脑的优盘插口。系统直接登录银行门户网站，这里以中国工商银行网上银行为例。点击"确认"按钮，需要校验 U 盾密码，输入 6 位数密码，并点击"确定"，进入企业网上银行操作界面。银行门户网站登录页面如图 3-44 所示。

图 3-44　银行门户网站登录页面

出纳人员登录企业网上银行，根据电子付款申请单支付货款。点击菜单栏“付款业务”功能按钮，接着点击“网上汇款”→“逐笔支付”按钮进入客户逐笔支付录入信息页面，依次录入下列信息：

收款单位：武汉曲辰电子有限责任公司

收款账号：6216836232237083

收款银行/行别：中国工商银行

省市：湖北省武汉市

收款银行全称：中国工商银行武汉市江岸区支行

汇款金额：18 000. 00 元

汇款用途：货款

全部信息录入完毕，检查无误后，点击“确定”按钮，如图 3-45 所示。

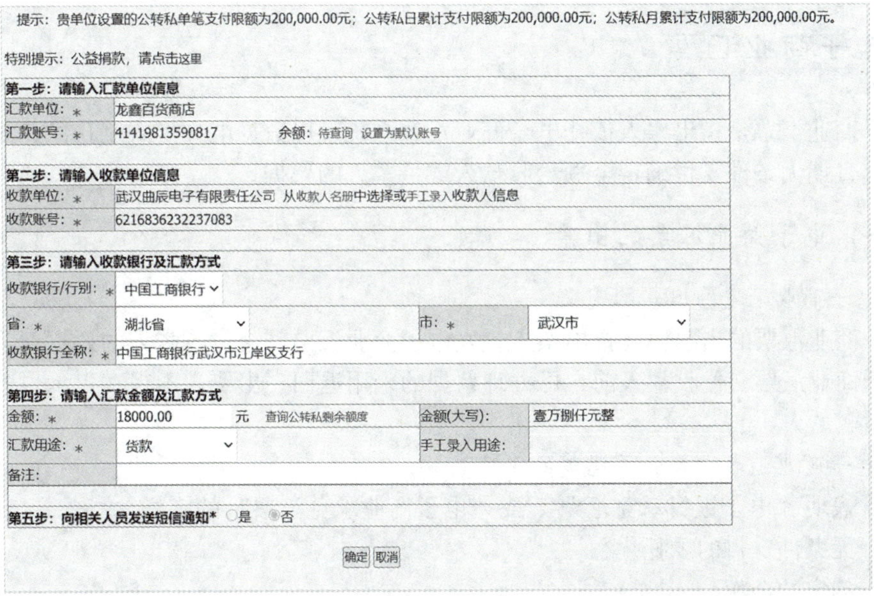

提示：贵单位设置的公转私单笔支付限额为200,000.00元；公转私日累计支付限额为200,000.00元；公转私月累计支付限额为200,000.00元。

特别提示：公益捐款，请点击这里

第一步：请输入汇款单位信息			
汇款单位：*	龙鑫百货商店		
汇款账号：*	41419813590817	余额：待查询　设置为默认账号	
第二步：请输入收款单位信息			
收款单位：*	武汉曲辰电子有限责任公司　从收款人名册中选择或手工录入收款人信息		
收款账号：*	6216836232237083		
第三步：请输入收款银行及汇款方式			
收款银行/行别：*	中国工商银行		
省：*	湖北省	市：*	武汉市
收款银行全称：*	中国工商银行武汉市江岸区支行		
第四步：请输入汇款金额及汇款方式			
金额：*	18000.00　元　查询公转私剩余额度	金额(大写)：	壹万捌仟元整
汇款用途：*	货款	手工录入用途：	
备注：			
第五步：向相关人员发送短信通知* ○是 ◉否			

确定　取消

图 3-45　逐笔支付录入信息页面

点击“确定”按钮后，系统显示图 3-46 所示的逐笔支付核对信息页面，出纳人员复核所输入的信息是否正确，如果发现信息有误，则点击“返回”按钮，返回上一页面进行修改；如果确认信息正确，则点击“确定”按钮。

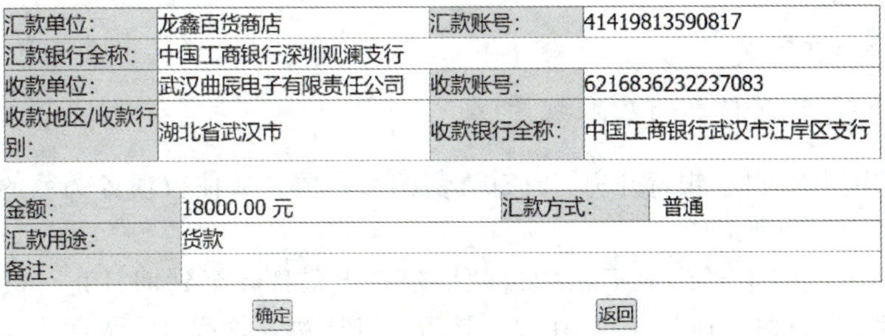

汇款单位：	龙鑫百货商店	汇款账号：	41419813590817
汇款银行全称：	中国工商银行深圳观澜支行		
收款单位：	武汉曲辰电子有限责任公司	收款账号：	6216836232237083
收款地区/收款行别：	湖北省武汉市	收款银行全称：	中国工商银行武汉市江岸区支行

金额：	18000.00 元	汇款方式：	普通
汇款用途：	货款		
备注：			

确定　返回

图 3-46　逐笔支付核对信息页面

点击"确定"按钮后，系统会提示付款指令已操作完成，等待复核员进行复核。

(2) 财务经理登录企业网上银行审批付款指令。

财务经理使用审核 U 盾登录企业网上银行进行复核，确认无误后点击"批准"按钮，完成付款指令操作。

(3) 企业的开户银行完成资金划转。

龙鑫百货商店的基本开户行的工作人员将确定的金额划转到指定的收款账户。

(4) 出纳人员打印电子回单。

付款业务转账成功后，出纳人员打开"账户管理"菜单，点击"回单查询"模块，打印转账业务的电子回单。

(5) 企业财务人员进行相应的账务处理。

出纳人员将打印的电子回单交给制单会计进行账务处理。

二、电子商业汇票

电子商业汇票是指出票人依托电子商业汇票系统，以数据电文形式制作的，委托付款人在指定日期无条件支付确定金额给收款人或持票人的票据。

(一) 电子商业汇票的出票

1. 电子商业汇票的出票的定义

电子商业汇票的出票，是指出票人签发电子商业汇票并交付收款人的票据行为。出票人在电子商业汇票交付收款人前，可办理票据的未用退回。出票人不得在提示付款期后将票据交付收款人。

2. 电子商业汇票出票必须记载的事项

(1) 表明"电子银行承兑汇票"或"电子商业承兑汇票"的字样。

(2) 无条件支付的委托。

(3) 确定的金额。

(4) 出票人名称。

(5) 付款人名称。

(6) 收款人名称。

(7) 出票日期。

(8) 票据到期日。

(9) 出票人签章。

(二) 电子商业汇票的基本规定

(1) 适用范围：已在银行开户、具有真实的交易关系或债权债务关系的同城或异地单位均可使用电子商业汇票。

(2) 期限规定：电子商业汇票的付款期限自出票日起至到期日止，最长不得超过 1 年。提示付款期自票据到期日起 10 日，最后一日遇法定休假日、大额支付系统非营业日、电子商业汇票系统非营业日顺延。

（三）申请签发电子银行承兑汇票案例

电子商业汇票按照承兑人不同，分为电子银行承兑汇票和电子商业承兑汇票。本书将介绍电子银行承兑汇票的出票。

出票人签发电子银行承兑汇票需要基于真实的交易关系或债权债务关系，首先要向承兑银行支付保证金，若企业在银行的信誉较好，则可以不用全额支付保证金，只需要按照一定比例支付保证金即可；接着与承兑银行签订电子银行承兑汇票承兑协议；随后，企业内部的业务人员在OA系统内发起付款申请流程，并在企业内部完成付款申请审批。

2023年11月12日，龙鑫百货商店采购部余浩申请支付武汉柚子日化有限责任公司货款62 000.00元，已经通过采购部负责人、财务经理、总经理审核。请签发电子银行承兑汇票支付货款（汇票到日期为2024年7月15日）。

电子银行承兑汇票签发业务大致分为以下几个步骤：

（1）业务人员发起付款申请。
（2）企业相关部门人员审批付款申请。
（3）出纳人员登录企业网上银行提交"电子银行承兑汇票申请"指令。
（4）财务经理登录企业网上银行审核"电子银行承兑汇票申请"指令。
（5）开户银行审核、批复企业提交的信息。
（6）企业收到开户银行批复后的电子银行承兑汇票。
（7）出纳人员登录企业网上银行提交"提示收票"指令。
（8）财务经理登录企业网上银行审核"提示收票"指令。
（9）电子银行承兑汇票的收票人签收票据。

◎ 案例背景单据

业务人员在OA系统发起付款申请，经过相关部门人员审批后的电子付款申请单如图3-47所示。

付款申请

龙鑫百货商店	创建时间：2023-11-12
审批编号	202308071536000080462
创建人	余浩
创建人部门	采购部
付款事由	采购商品支付货款
分类	货款
付款总额	62000
付款方式	转账
最晚支付日期	2023-11-18
账户名	武汉柚子日化有限责任公司
开户行	中国工商银行武汉市江汉区支行
对方银行账号	6216 7364 5228 7187
付款附件（如合同、发票、标书支付信息等）	《购销合同》.pdf 《采购入库单》.pdf 《增值税专用发票》.pdf 《验收合格单》.pdf 《电子银行承兑汇票承兑协议》.pdf
审批流程	财务审核 已同意　　2023-11-13 13:43:36 总经理 已同意　　2023-11-14 17:20:34 抄送 1xbh0020,1xbh0019　　2023-11-14 17:20:52

图 3-47　电子付款申请单（例 3-2）

◎ 案例操作

（1）出纳人员登录企业网上银行提交"电子银行承兑汇票申请"指令。

出纳人员使用操作 U 盾登录中国工商银行网银系统，依次点击菜单栏"票据业务""银行承兑汇票申请"按钮，进入"逐笔申请指令提交"或"批量申请指令提交"录入页面，依次录入下列信息：

收款人全称：武汉柚子日化有限责任公司

收款人账号：6216736452287187

省份：湖北省

城市：武汉市

收款银行/级别：中国工商银行

收款账号开户行：中国工商银行武汉市江汉区支行

票据金额：62 000.00 元

票据到期日期：2024-07-15

全部信息录入完毕，检查无误后，点击"提交"按钮，如图 3-48 所示。

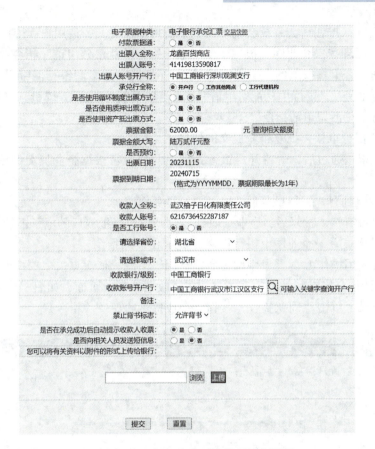

图 3-48 电子银行承兑汇票录入信息页面

点击"提交"按钮后,再次核对相关信息是否有误,如图 3-49 所示。若检查无误,则点击"确定"按钮;若发现填写有误,则点击"取消"按钮,返回上一步进行修改。

电子票据种类:	电子银行承兑汇票
出票人全称:	龙鑫百货商店
出票人账号:	41419813590817
出票人账号开户行:	中国工商银行深圳观澜支行
承兑行全称:	
票据金额:	62000.00
出票日期:	20231115
票据到期日期:	20240715
是否使用循环额度出票方式:	否
是否使用质押出票方式:	否
收款人全称:	武汉柚子日化有限责任公司
收款人账号:	6216736452287187
是否工行账号:	是
备注:	
禁止背书标志:	允许背书
是否向相关人员发送短信息:	否
是否在承兑成功后自动提示收款人收票:	是

图 3-49 电子银行承兑汇票核对信息页面

点击"确定"按钮后,系统会提示逐笔申请指令已提交,请用户等待授权。

(2) 财务经理登录企业网上银行审核"电子银行承兑汇票申请"指令。

财务经理等有审核权限的人员使用审核 U 盾登录中国工商银行网银系统,依次点击菜单栏"票据业务""银行承兑汇票申请""逐笔申请指令批复"按钮,审核出纳人员提交的电子银行承兑汇票申请指令。

(3) 开户银行审核、批复企业提交的信息。

财务经理审核通过后,等待开户银行处理。开户银行根据企业提交的信息进行审核、批复。

(4) 企业收到开户银行批复后的电子银行承兑汇票。

经开户银行审核、批复后,企业会收到经过开户银行批复后的电子银行承兑汇票。

(5) 出纳人员登录企业网上银行提交"提示收票"指令。

出纳人员使用操作 U 盾登录中国工商银行网银系统,依次点击"票据业务""提示收票""逐笔申请指令提交"按钮,系统显示提示收票待签收页面,如图 3-50 所示。勾选要签收的这条记录,单击"同意签收"按钮,完成提示收票签收指令。

图 3-50 提示收票待签收页面

(6) 财务经理登录企业网上银行审核"提示收票"指令。

财务经理等有审核权限的人员使用审核 U 盾登录中国工商银行网银系统,依次点击"票据业务""提示收票""逐笔申请指令批复"按钮,批复出纳人员提交的"提示收票"指令。

(7) 电子银行承兑汇票的收票人签收票据。

上述操作完成后,该张电子银行承兑汇票正式对外付出,等待收款人签收。

任务实施

要求:请结合【任务准备】所学到的知识,根据题面资料完成电子商业汇票出票和网银转账业务的实训题。

1. 电子银行承兑汇票

厦门安仁机械制造有限责任公司于 2023 年 4 月 7 日购买了福州辉丰金属制品有限责任公司的一批货物,价款总计 560 000.00 元,货物已验收入库。2023 年 4 月 10 日,厦门安仁机械制造有限责任公司向中国工商银行厦门市思明区支行提出申请,开具了一张电子银行承兑汇票给福州辉丰金属制品有限责任公司。票据到期日为 2023 年 7 月 10 日。厦门安仁机械制造有限责任公司的开户行是中国工商银行厦门市思明区支行，账号是41195648166726。福州辉丰金属制品有限责任公司的开户行是中国工商银行福州市鼓楼区支行，账号是41904206127343。交易合同号为23315677。要求：请根据以上信息，出具厦门安仁机械制造有限责任公司的电子银行承兑汇票。

电子银行承兑汇票填开页面如图3-51所示。

图3-51 电子银行承兑汇票填开页面

2. 电子商业承兑汇票

厦门安仁机械制造有限责任公司于2023年4月11日购买了北京凯峰百货有限责任公司包装箱10 000只、手套25 000副、T03材料1 500千克，总价款为567 825.00元，货物已经入库。2023年4月15日，厦门安仁机械制造有限责任公司开具了一张电子商业承兑汇票给北京凯峰百货有限责任公司，期限为3个月。厦门安仁机械制造有限责任公司的开户行是中国工商银行厦门市思明区支行，账号是41195648166726。北京凯峰百货有限责任公司的开户行是中国工商银行北京市西城区支行，账号是41785382009324。承兑人为厦门安仁机械制造有限责任公司，交易合同号为17216877，票据允许背书。要求：请根据以上信息，出具厦门安仁机械制造有限责任公司的电子商业承兑汇票。

电子商业承兑汇票填开页面如图3-52所示。

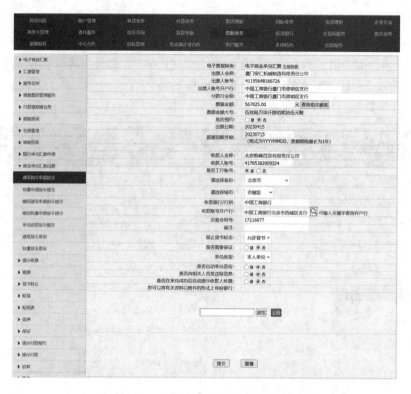

图 3-52 电子商业承兑汇票填开页面

3. 网银转账

2023 年 11 月 1 日,生产车间蒋新蕊申请报销差旅费 2 000.00 元,已经部门负责人、财务经理、总经理审核。要求:请以网银转账方式支付报销款。(收款银行:中国工商银行;收款银行全称:中国工商银行厦门市思明区支行;收款账号:41655154571543)。

网银转账页面如图 3-53 所示。

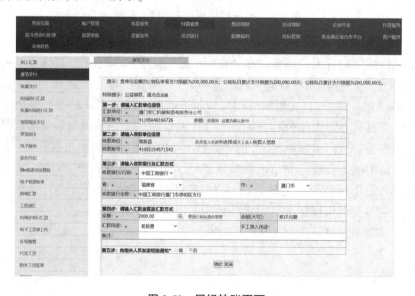

图 3-53 网银转账页面

任务三 企业内部电子票据的填写

某制造公司是一家生产家用电器的公司，决定采用内部电子票据系统来管理其销售、采购等经济业务活动。近日，该公司的销售部门接到一笔来自客户的订单，需要购买100台家电设备。销售人员小张需要在电子票据系统中创建一张销售订单。

小张首先登录系统，在系统中选择"销售订单"选项，进入相关页面。小张需要准确填写客户信息，包括客户名称、联系方式等，并与客户信息库中的内容进行核对。小张还需要填写具体的产品信息，包括产品型号、数量、单价等，并与产品信息库中的内容进行核对。填写完上述信息并核对无误后，小张提交了销售订单。

内部票据是在企业内部使用的单据，不同的企业使用的信息化软件不同，内部票据的样式和财务软件的操作流程也不同。总的来说，内部票据填开和审批包括以下程序：登录信息化软件，找到对应业务的单据所属模块，打开要填开的单据，相关部门人员填写单据内容、相关部门的经理审批单据。

本任务中的内部票据填写将与项目二中的内部票据类型相结合，以上海卓悦（集团）股份有限公司的经济业务为背景，仍将内部票据分为以下几类：与销售业务有关的内部票据（销售订单、销售出库单、销售退货单、其他出库单）；与采购业务有关的内部票据（采购订单、采购入库单、采购退货单、其他入库单）；与暂估业务有关的内部票据（暂估入库单、暂估回冲单）；与存货生产业务有关的内部票据（领料单、产成品入库单）；与货物调拨有关的内部票据（调拨出库单、调拨入库单）。

一、与销售业务有关的内部票据

以销售订单为例，对与销售业务有关的内部票据的填写展开介绍。

2023年11月24日，上海卓悦（集团）股份有限公司销售一批商品给上海幕林百货有限责任公司，商品名称为霸王洗发素，商品编码为XHP001，销售数量为300瓶，不含税单价为44元，商品从洗护用品库发出。请填写销售订单。

销售订单填写信息如下：

（1）仓库：在信息化软件的初始设置中预置仓库信息，根据商品所在的仓库进行选择（下同），此处下拉选择"洗护用品库"。

(2) 往来单位：在信息化软件的初始设置中预置客户信息（下同），此处下拉选择"上海幕林百货有限责任公司"。

(3) 日期：不用填写，是登录系统的当天。

(4) 单号：不用填写，系统根据预置的规则自动填写单据号码。

(5) 摘要：填写"销售商品"，简要概括当前经济业务即可。

(6) 编码/存货名称：在信息化软件的初始设置中预置存货初始信息（下同），此处下拉选择"XHP001霸王洗发素"。

(7) 规格型号、单位：系统自动带出当前存货的规格型号及计量单位。

(8) 数量：填写"300"。

(9) 单价：填写"44"。

(10) 不含税金额：系统自动根据"数量×单价"计算。

(11) 税率：下拉选择"13%"。

(12) 税额：系统自动根据"不含税金额×税率"计算。

(13) 价税合计：系统自动根据"不含税金额+税额"计算。

填写好的销售订单如图3-54所示。

销售订单

仓库	洗护用品库			日期	2023-11-24		单号	XSDD-20231124-1		
往来单位	上海幕林百货有限责任公司			摘要	销售商品					

行号	编码/存货名称	规格型号	单位	数量	不含税金额	单价	税率	税额	价税合计	备注
1	XHP001霸王洗发素		瓶	300	13200.00	44	13%	1716.00	14916.00	
2										
3										
4										
5										
6										
7										
8										
9										
10										
	合计			300	13200.00			1716.00	14916.00	

图3-54 销售订单

二、与采购业务有关的内部票据

以采购订单为例，对与采购业务有关的内部票据的填写展开介绍。

例3-4

2023年11月26日，上海卓悦（集团）股份有限公司从苏州青山药业有限责任公司采购一批原材料并验收入库，材料名称为何首乌，材料编码为CL002，采购数量为3 000千克，不含税单价为23元，材料入原材料库。请填写采购订单。

采购订单填写信息如下：

(1) 仓库：下拉选择"原材料库"。

(2) 往来单位：下拉选择"苏州青山药业有限责任公司"。

(3) 日期：不用填写，是登录系统的当天。

(4) 单号：不用填写，系统根据预置的规则自动填写单据号码。

(5) 摘要：填写"采购材料"，简要概括当前经济业务即可。

(6) 编码/存货名称：下拉选择"CL002何首乌"。

(7) 规格型号、单位：系统自动带出当前存货的规格型号及计量单位。

(8) 数量：填写"3000"。

(9) 单价：填写"23"。

(10) 不含税金额：系统自动根据"数量×单价"计算。

(11) 税率：下拉选择"13%"。

(12) 税额：系统自动根据"不含税金额×税率"计算。

(13) 价税合计：系统自动根据"不含税金额+税额"计算。

填写好的采购订单如图3-55所示。

采购订单

仓库	原材料库		日期	2023-11-26	单号	CGDD-20231126-1
往来单位	苏州青山药业有限责任公司		摘要	采购材料		

行号	编码/存货名称	规格型号1	单位	数量	不含税金额	单价	税率	税额	价税合计	备注
1	CL002何首乌		千克	3000	69000.00	23	13%	8970.00	77970.00	
2										
3										
4										
5										
6										
7										
8										
9										
10										
	合计			3000	69000.00			8970.00	77970.00	

图3-55 采购订单

三、与暂估业务有关的内部票据

以暂估入库单为例，对与暂估业务有关的内部票据的填写展开介绍。

例3-5

2023年11月30日，上海卓悦（集团）股份有限公司从苏州青山药业有限责任公司采购的原材料已验收入库，但未收到采购发票，遂将材料做暂估处理，材料名称为当归，材料编码为CL003，入库数量为1 000千克，根据合同，不含税单价为25元。请填写暂估入库单。

暂估入库单填写信息如下：

（1）仓库：下拉选择"原材料库"。

（2）往来单位：下拉选择"苏州青山药业有限责任公司"。

（3）日期：不用填写，是登录系统的当天。

（4）单号：不用填写，系统根据预置的规则自动填写单据号码。

（5）摘要：填写"材料暂估入库"，简要概括当前经济业务即可。

（6）编码/存货名称：下拉选择"CL003当归"。

（7）规格型号、单位：系统自动带出当前存货的规格型号及计量单位。

（8）数量：填写"1000"。

（9）单价：填写"25"。

（10）不含税金额：系统自动根据"数量×单价"计算。

填写好的暂估入库单如图3-56所示。

暂估入库单

仓库	原材料库			日期	2023-11-30		单号	ZGRKD-20231130-1
往来单位	苏州青山药业有限责任公司			摘要	材料暂估入库			

行号	编码/存货名称	规格型号	单位	数量	不含税金额	单价	备注
1	CL003当归		千克	1000	25000.00	25	
2							
3							
4							
5							
6							
7							
8							
9							
10							
	合计			1000	25000.00		

图3-56 暂估入库单

四、与存货生产业务有关的内部票据

以领料单为例，对与存货生产业务有关的内部票据的填写展开介绍。

例3-6

2023年11月24日，生产车间工人王毅申请从原材料库中领一批材料用于生产洗发水，材料名称为何首乌，材料编码为CL002，领用数量为500千克。请填写领料单。

领料单填写信息如下：

（1）仓库：下拉选择"原材料库"。

（2）部门：在信息化软件的初始设置中预置部门信息，根据领用材料的部门进行选择，此处下拉选择"生产车间"。

（3）日期：不用填写，是登录系统的当天。

(4) 单号：不用填写，系统根据预置的规则自动填写单据号码。

(5) 摘要：填写"生产产品领料"，简要概括当前经济业务即可。

(6) 编码/存货名称：下拉选择"CL002何首乌"。

(7) 规格型号、单位：系统自动带出当前存货的规格型号及计量单位。

(8) 数量：填写"500"。

(9) 金额、单价：不填写，领料单上仅反映领用数量。

填写好的领料单如图3-57所示。

领料单

仓库	原材料库			日期	2023-11-24		单号	LLD-20231124-1
部门	生产车间			摘要	生产产品领料			

行号	编码/存货名称	规格型号	单位	数量	金额	单价	备注
1	CL002何首乌		千克	500			
2							
3							
4							
5							
6							
7							
8							
9							
10							
		合计		500			

图3-57 领料单

五、与货物调拨有关的内部票据

以调拨出库单为例，对与货物调拨有关的内部票据的填写展开介绍。

例3-7

2023年11月27日，上海卓悦（集团）股份有限公司将总部电子产品库的HL电脑调出500台到苏州分部电子产品库。请填写调拨出库单。

调拨出库单填写信息如下：

(1) 仓库：下拉选择"总部电子产品库"。

(2) 业务类型：在信息化软件的初始设置中预置调拨业务类型，根据调拨业务类型进行选择，此处下拉选择"调拨出库"。

(3) 日期：不用填写，是登录系统的当天。

(4) 单号：不用填写，系统根据预置的规则自动填写单据号码。

(5) 摘要：填写"调拨产品出库"，简要概括当前经济业务即可。

(6) 编码/存货名称：下拉选择"HL电脑"。

(7) 规格型号、单位：系统自动带出当前存货的规格型号及计量单位。

(8) 数量：填写"500"。

(9) 调出仓库：填写"总部电子产品库"。

(10) 调入仓库：填写"苏州分部电子产品库"。

填写好的调拨出库单如图 3-58 所示。

调拨出库单

仓库	总部电子产品库		日期	2023-11-27	单号	DBCKD-20231127-1
业务类型	调拨出库		摘要	调拨产品出库		

行号	编码/存货名称	规格型号	单位	数量	调出仓库	调入仓库	备注
1	HL电脑		台	500	总部电子产品库	苏州分部电子产品库	
2							
3							
4							
5							
6							
7							
8							
9							
10							
	合计			500			

图 3-58　调拨出库单

任务实施

要求：请结合【任务准备】所学到的知识，根据题面资料完成内部电子票据的实训题。

1. 销售订单

2023 年 11 月 13 日，杭州润宝商贸有限责任公司接到一笔订单，杭州富凯机械制造有限责任公司拟从该公司采购一批规格型号为 MA11012 的羽毛球拍，采购数量为 500 副，不含税单价为 50 元，不含税金额为 25 000 元。该公司将羽毛球拍（MA11012）存放在运动器材仓库中。要求：请填写销售订单。

销售订单填开页面如图 3-59 所示。

销售订单

仓库	运动器材仓库		日期	2023-11-13	单号	XSDD-20231113-1
往来单位	杭州富凯机械制造有限责任公司		摘要	销售产品		

行号	编码/存货名称	规格型号	单位	数量	不含税金额	单价	税率	税额	价税合计	备注
1	羽毛球拍	MA11012	副	500	25000.00	50	13%	3250.00	28250.00	
2										
3										
4										
5										
6										
7										
8										
9										
10										
	合计			500	25000.00			3250.00	28250.00	

图 3-59　销售订单填开页面

2. 销售出库单

2023 年 11 月 8 日，北京广元百货有限责任公司向北京明辉机械制造有限责任公司销售了一批扳手，销售数量为 1 000 把，不含税单价为 6.50 元。仓管员胡凤华根据销售订单准备从成品库中将这批货物如数发出。要求：请填写销售出库单。

销售出库单填开页面如图 3-60 所示。

销售出库单

仓库	成品库		日期	2023-11-08	单号	XSCKD-20231108-1
往来单位	北京明辉机械制造有限责任公司		摘要	销售产品		

行号	编码/存货名称	规格型号	单位	数量	不含税金额	单价	税率	税额	价税合计	备注
1	扳手		把	1000	6500.00	6.50	13%	845.00	7345.00	
2										
3										
4										
5										
6										
7										
8										
9										
10										
	合计			1000	6500.00			845.00	7345.00	

图 3-60　销售出库单填开页面

3. 销售退货单

2023 年 12 月 1 日，天津茂语百货商场上月销售给天津荣林餐饮有限责任公司的西餐具当中，个别西餐具存在瑕疵，现天津荣林餐饮有限责任公司将瑕疵西餐具做退回处理，退回数量为 5 套，不含税单价为 200 元。天津茂语百货商场已如数收到退回的商品并存放到西餐具仓库。要求：请填写销售退货单。

销售退货单填开页面如图 3-61 所示。

销售退货单

仓库	西餐具仓库		日期	2023-12-01	单号	CXTHD-20231201-1
往来单位	天津荣林餐饮有限责任公司		摘要	销售产品发生退货		

行号	编码/存货名称	规格型号	单位	数量	不含税金额	单价	税率	税额	价税合计	备注
1	西餐具		套	5	1000.00	200	13%	130.00	1130.00	
2										
3										
4										
5										
6										
7										
8										
9										
10										
	合计			5	1000.00			130.00	1130.00	

图 3-61　销售退货单填开页面

4. 其他出库单

2023 年 11 月 8 日，上海宁里电子有限责任公司向上海希望工程捐赠一批智能设备，捐赠数量为 50 台，单位成本为 12 500 元。要求：请填写其他出库单。

其他出库单填开页面如图 3-62 所示。

其他出库单

仓库	成品仓库			日期	2023-11-08		单号	QTCKD-20231108-1		
往来单位	上海希望工程			摘要	捐赠出库					
行号	编码/存货名称	规格型号	单位	数量	不含税金额	单价	税率	税额	价税合计	备注
1	智能设备		台	50	625000.00	12500	13%	81250.00	706250.00	
2										
3										
4										
5										
6										
7										
8										
9										
10										
	合计			50	625000.00			81250.00	706250.00	

图 3-62　其他出库单填开页面

5. 采购订单

2023 年 12 月 5 日，苏州曼荣信息技术有限责任公司准备从京东商城采购 50 个智能键盘和配套的智能鼠标用于企业员工的日常办公，每套不含税单价为 230 元，其中智能键盘不含税单价为 150 元、智能鼠标不含税单价为 80 元。商品验收后存放在电脑配件仓库。要求：请填写采购订单。

采购订单填开页面如图 3-63 所示。

采购订单

仓库	电脑配件仓库			日期	2023-12-05		单号	CGDD-20231205-1		
往来单位	京东商城			摘要	采购材料					
行号	编码/存货名称	规格型号	单位	数量	不含税金额	单价	税率	税额	价税合计	备注
1	智能键盘		个	50	7500.00	150	13%	975.00	8475.00	
2	智能鼠标		个	50	4000.00	80	13%	520.00	4520.00	
3										
4										
5										
6										
7										
8										
9										
10										
	合计			100	11500.00			1495.00	12995.00	

图 3-63　采购订单填开页面

6. 采购入库单

2023 年 11 月 2 日，天津样尔电子有限责任公司李秀瑜交给仓库下列材料：材料编号为 CL01001 的键盘 1 000 个，不含税单价为 58 元；材料编号为 CL01002 的鼠标 800 个，不含税单价为 25 元。仓管员周丽丽实收键盘 1 000 个、鼠标 800 个。要求：请填写采购入库单。

采购入库单填开页面如图 3-64 所示。

采购入库单

行号	编码/存货名称	规格型号	单位	数量	不含税金额	单价	税率	税额	价税合计	备注
1	CL01001 键盘		个	1000	58000.00	58	13%	7540.00	65540.00	
2	CL01002 鼠标		个	800	20000.00	25	13%	2600.00	22600.00	
3										
4										
5										
6										
7										
8										
9										
10										
	合计			1800	78000.00			10140.00	88140.00	

仓库：材料库 日期：2023-11-02 单号：CGRKD-20231102-1
往来单位：天津祥尔电子有限责任公司 摘要：采购材料入库

图 3-64 采购入库单填开页面

7. 采购退货单

2023 年 11 月 5 日，合肥君恒日化有限责任公司向南昌时俊石化有限责任公司采购了一批原材料烷基苯并验收入原材料仓库，材料编码为 YCL001，数量为 50 桶，采购时不含税单价为 700 元。由于材料存在质量问题，决定先将材料做退回处理。要求：请填写采购退货单。

采购退货单填开页面如图 3-65 所示。

图 3-65 采购退货单填开页面

8. 其他入库单

2023 年 12 月 1 日，荆州柒澄电子有限责任公司上月向黄石西泽服装有限责任公司销售了 5 台智能扫地机器人，不含税单价为 1 800 元。黄石西泽服装有限责任公司发现其中有 1 台存在质量问题，进行了退货处理。荆州柒澄电子有限责任公司于当日收到了退回的商品，将商品存放在智能家居仓库。要求：请填写其他入库单。

其他入库单填开页面如图 3-66 所示。

其他入库单

行号	编码/存货名称	规格型号	单位	数量	不含税金额	单价	税率	税额	价税合计	备注
1	智能扫地机器人		台	1	1800.00	1800	13%	234.00	2034.00	
2										
3										
4										
5										
6										
7										
8										
9										
10										
	合计			1	1800.00			234.00	2034.00	

仓库：智能家居仓库　日期：2023-12-01　单号：QTRKD-20231201-1
往来单位：黄石西泽服装有限责任公司　摘要：收到退回商品

图 3-66　其他入库单填开页面

9. 暂估入库单

2023年11月30日，珠海风尚洗护有限责任公司从汕头思德化学股份有限公司采购了50千克的泡沫稳定剂，合同约定不含税单价为68元。泡沫稳定剂已于当日收到并存放在原材料仓库，由于直至月底尚未收到汕头思德化学股份有限公司的销售发票，现按照合同不含税单价进行暂估处理。要求：请填写暂估入库单。

暂估入库单填开页面如图3-67所示。

暂估入库单

行号	编码/存货名称	规格型号	单位	数量	不含税金额	单价	备注
1	泡沫稳定剂		千克	50	3400.00	68	
2							
3							
4							
5							
6							
7							
8							
9							
10							
	合计			50	3400.00		

仓库：原材料仓库　日期：2023-11-30　单号：ZGRKD-20231130-1
往来单位：汕头思德化学股份有限公司　摘要：暂估材料入库

图 3-67　暂估入库单填开页面

10. 暂估回冲单

2023年12月1日，珠海风尚洗护有限责任公司将上月从汕头思德化学股份有限公司购进并暂估入库的泡沫稳定剂进行了暂估回冲处理。上月暂估入库的数量为50千克，暂估不含税单价为68元。要求：请填写暂估回冲单。

暂估回冲单填开页面如图3-68所示。

暂估回冲单

仓库	原材料仓库		日期	2023-12-01	单号	ZGHCD-20231201-1			
往来单位	汕头思德化学股份有限公司		摘要	暂估回冲					
行号	编码/存货名称	规格型号	单位		冲回数量	冲回金额	单价	备注	
1	泡沫稳定剂		千克		50	3400.00	68		
2									
3									
4									
5									
6									
7									
8									
9									
10									
		合计			50	3400.00			

图 3-68　暂估回冲单填开页面

11. 领料单

2023 年 11 月 8 日，生产车间崔福建为生产产品到原材料仓库请领材料编码为 CL01001 的 Z101 507 千克、材料编码为 CL01002 的 X201 548 千克，仓管员周丽丽实发 Z101 507 千克、X201 548 千克。要求：请填写领料单。

领料单填开页面如图 3-69 所示。

领料单

仓库	原材料仓库		日期	2023-11-08	单号	LLD-20231108-1			
部门	生产车间		摘要	生产产品领用					
行号	编码/存货名称	规格型号	单位		数量	金额	单价	备注	
1	CL01001 Z101		千克		507				
2	CL01002 X201		千克		548				
3									
4									
5									
6									
7									
8									
9									
10									
		合计			1055				

图 3-69　领料单填开页面

12. 产成品入库单

2023 年 12 月 10 日，动力设备生产车间王婷婷将生产批号为 DL1201 的动力设备压缩机交动力设备成品库，验收入库数量为 500 台，金额为 7 530 125.00 元。仓管员周若男实收压缩机 500 台。要求：请填写产成品入库单。

产成品入库单填开页面如图 3-70 所示。

产成品入库单

行号	编码/存货名称	规格型号	单位	数量	金额	单价	备注
1	压缩机		台	500	7530125.00	15060.25	
2							
3							
4							
5							
6							
7							
8							
9							
10							
	合计			500	7530125.00		

仓库：动力设备成品库　日期：2023-12-10　单号：CCPRKD-20231210-1
部门：动力设备生产车间　摘要：产成品入库

图 3-70　产成品入库单填开页面

13. 调拨出库单

2023 年 11 月 10 日，上海凌宇服饰有限责任公司黄浦区的童装门店接到总部发来的调货批准通知单，从黄浦区的童装上衣仓库调出一批冬季款羽绒服到徐汇区的童装上衣仓库。调出货物数量为 30 件。要求：请填写调拨出库单。

调拨出库单填开页面如图 3-71 所示。

调拨出库单

行号	编码/存货名称	规格型号	单位	数量	调出仓库	调入仓库	备注
1	冬季款羽绒服		件	30	童装上衣仓库（黄浦）	童装上衣仓库（徐汇）	
2							
3							
4							
5							
6							
7							
8							
9							
10							
	合计			30			

仓库：童装上衣仓库（黄浦区）　日期：2023-11-10　单号：DBCKD-20231110-1
业务类型：调拨出库　摘要：调拨出库

图 3-71　调拨出库单填开页面

14. 调拨入库单

2023 年 11 月 13 日，上海凌宇服饰有限责任公司徐汇区的童装门店收到黄浦区的童装上衣仓库调来的 30 件冬季款羽绒服，并将其存放在徐汇区的童装上衣仓库。要求：请填写调拨入库单。

调拨入库单填开页面如图 3-72 所示。

调拨入库单

仓库	童装上衣仓库（徐汇区）		日期	2023-11-13		单号	DBRKD-20231113-1	
业务类型	调拨入库		摘要	调拨入库				

行号	编码/存货名称	规格型号	单位	数量	调出仓库	调入仓库	备注
1	冬季款羽绒服		件	30	童装上衣仓库（黄浦）	童装上衣仓库（徐汇）	
2							
3							
4							
5							
6							
7							
8							
9							
10							
	合计			30			

图 3-72　调拨入库单填开页面

项目四

电子票据的审核与整理

 知识目标

1. 了解电子票据审核与整理的总体内容。
2. 掌握各类电子票据的审核要素和审核要求。
3. 了解电子票据审核不符合要求时的处理方法。
4. 了解经济业务的含义及分类。
5. 掌握经济业务涉及的会计要素。
6. 掌握电子票据的整理思路与方法。

 能力目标

1. 了解电子票据的审核流程、审核标准、审核方法等。
2. 掌握电子票据的查验技术、查验方法等。
3. 具备较强的数据分析能力,能够对电子票据进行数据挖掘和分析。
4. 具备识别经济业务的能力。
5. 具备将经济业务按照业务类型进行划分的能力。

 素质目标

1. 具备较强的沟通能力、协调能力、组织能力和判断能力。
2. 具备较强的责任心和团队合作精神。

任务一　电子票据的审核

案例导入

A公司是一家专注于提供企业级软件解决方案的高科技企业。随着业务的快速扩张，A公司的交易量急剧增加，每日需要处理大量的电子票据。为了提高效率，A公司决定采用自动化的电子票据处理系统来替代原有的手工审核流程。

然而，在实施新系统后不久，A公司的财务部门发现了一个严重的问题。一些供应商提交的电子发票存在篡改的痕迹，这些发票的金额与实际交易记录不符，甚至有些发票的开票日期都存在问题。这种情况不仅影响了A公司财务报表的准确性，还可能涉及潜在的欺诈风险。面对这一挑战，A公司的管理层迅速采取了一系列行动，对电子票据审核流程进行了全面的审查和改进。

任务准备

一、总体审核原则

电子票据的审核主要涉及真实性审核，合法性、合规性审核，完整性、正确性审核。

（一）真实性审核

真实性审核是电子票据审核的基础。真实性审核也是合法性、合理性、完整性审核的前提。所谓真实，就是电子票据上反映的应当是经济业务的本来面目，不得掩盖、歪曲和颠倒真实情况，具体包括以下四个方面。

（1）经济业务双方当事单位和当事人必须是真实且有效的。开出、接受、填制和取得电子票据的相关责任人必须按实填写信息，严禁冒名或填写虚假信息。

（2）经济业务的发生时间、地点和填制凭证的日期必须是真实且准确的。严禁将经济业务的发生时间改为过去或未来的日期，或将发生地点改为其他地点。

（3）经济业务的内容必须是真实的。电子票据的内容要依据实际发生的经济业务来填写，不得弄虚作假。

（4）经济业务的"量"必须是真实的。购买货物业务，要标明货物的质量、长度、体积、数量；其他经济业务也要标明计价所使用的量。经济业务中涉及的单价、金额也必须是真实的，不得在填写原始凭证时抬高或压低单价，多开或少开金额。

（二）合法性、合规性审核

合法性、合规性审核是审核电子票据所记载的经济业务是否符合有关国家法律法规、企业内部控制制度等的规定，有无违法乱纪行为，若有，应予以揭露和制止。根据《中华人民共和国会计法》的规定，对不真实、不合法的电子票据，财会人员有权不予接受，并向单位负责人报告。

（三）完整性、正确性审核

完整性、正确性审核是指审核电子票据是否将有关内容填写齐全，各项目是否按要求填写。对电子票据完整性、正确性的审核，首先要审核电子票据的各构成要素是否齐全；其次要审核各要素内容的填制是否正确、完整、清晰，特别是要对电子票据上所记录的数量、金额的正确性进行认真审核，检查金额计算有无差错、大小写金额是否一致等；最后要审核各经办单位和人员签章是否齐全。

根据《中华人民共和国会计法》的规定，对记载不准确、不完整的电子票据应予以退回，并要求对方按照国家统一的会计制度的规定更正、补充。电子票据有错误的，应当由出具单位重开或者更正，更正处应当加盖出具单位印章。电子票据金额有错误的，应当由出具单位重开，不得在电子票据上更正。

需要说明的是，对非电子票据的审核，也包括以上几个方面。

二、各类电子票据的审核要点

（一）电子发票的审核要点

1. 电子发票的基本审核点

（1）审核电子发票的真实性。

审核电子发票的真实性主要是审核电子发票是否真实有效，是否存在伪造、变造等情况。对于取得的电子发票，查询其真实性的方法如图 4-1 所示。

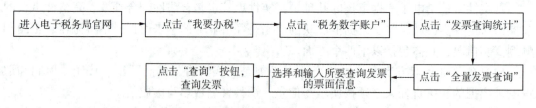

图 4-1　查询电子发票真实性操作流程

具体操作步骤如下：

① 登录电子税务局官网主页后，点击"我要办税"→"税务数字账户"，如图 4-2 所示。

图 4-2　电子税务局官网主页

② 点击"发票查询统计",如图 4-3 所示。

图 4-3　税务数字账户页面

③ 点击"全量发票查询",如图 4-4 所示。

图 4-4　发票查询统计页面

④ 选择和输入所要查询发票的票面信息,点击"查询"按钮后便可查询到该张发票,如图 4-5 所示。

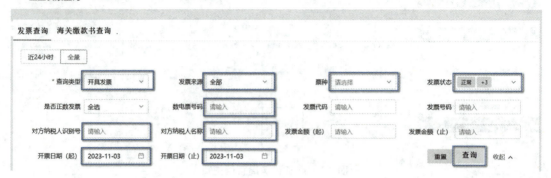

图 4-5　选择和输入查询条件页面

查询到的发票记录如图 4-6 所示。

图 4-6　发票查询结果

⑤ 点击"预览"按钮，查看电子发票，如图 4-7 所示。

图 4-7　查询到的电子发票

若查询不到发票，则追加补充查询的条件，将对方的纳税人名称、纳税人识别号一并输入系统进行查询。注意，此时输入的是对方单位的税号和名称，并非本单位的税号和名称。

若还是查询不到发票，则可能存在下列原因引起的错误：

a. 查询类型选择不当。
b. 发票来源选择不当。
c. 票种选择不当。
d. 发票状态选择不当。
e. 发票号码（数电票号码、发票代码及发票号码）输入错误。
f. 对方纳税人识别号输入错误。
g. 对方纳税人名称输入错误。
h. 开票日期范围选择不当。

须查明的原因从图示上来看，如图4-8所示。

图4-8　查询发票要素信息

经过检查，以上几个方面均无误，但仍查询不到该张发票，可能是发票本身有误。此时需要关注取得的这张发票上购买方的名称、纳税人识别号是否存在填开错误的情况。

实务中，存在这样的情况：销售方在开具发票时将购买方的纳税人识别号填写错误，导致发票在电子税务局系统内交付不到购买方的电子发票服务平台，从而查询不到这张发票。图4-7所示的电子发票，销售方可能会错误地将购买方的纳税人识别号后三位"K0K"写成"KOK"，中间应是数字"0"，而非字母"O"。遇到这类问题时需要联系销售方，让其红冲发票后重新开具电子发票。

（2）审核电子发票的合法性。

审核电子发票的合法性主要是审核电子发票是否符合法律法规的规定，是否存在违规行为。主要从以下几个方面进行审核：

① 发票的内容是否与发票的种类相符合。比如填开的发票内容是建筑服务，却用货物运输服务发票去填开，此时发票的内容与发票的种类不符合。

② 票据加盖的印章是否与票据的种类相符合。在电子发票环境下，发票已无须加盖发票专用章。若取得的是纸质发票，则需要关注抵扣联和发票联是否加盖了发票专用章，还需要关注加盖的发票专用章上的名称和税号是否与销售方的名称和税号一致。

（3）审核电子发票的其他内容。

① 审核电子发票的项目名称、计量单位、数量、单价、金额等内容的完整性、正确性与合理性。

② 审核经济业务内容的合理性。

③ 审核电子发票是否符合本单位的内部制度等相关规定。

2. 电子发票的特殊审核点

以下几类电子发票由于涉及特定业务，在审核时应予以特别关注。

(1) 农产品收购电子发票与自产农产品销售电子发票，如图 4-9 和图 4-10 所示。

图 4-9 农产品收购电子发票

图 4-10 自产农产品销售电子发票

农产品收购电子发票，是指收购单位向农业生产者收购农产品时，由收购单位来开具的电子发票。农产品收购业务对农业生产者免征增值税，收购单位可以计算抵扣进项税额。收购单位在开具农产品收购发票时，必须开具增值税普通发票，在选择特定业务时，选择"农产品收购"这项特定业务。

自产农产品销售电子发票，是指农业生产者或合作社等销售自产农产品时，向购买单位开具的电子发票。农业生产者或合作社销售自产农产品也享受免征增值税的优惠政策，购买单位可以计算抵扣进项税额。农业生产者或合作社开具自产农产品销售发票时，也必须开具增值税普通发票，在选择特定业务时，选择"自产农产品销售"这项特定业务。

（2）建筑服务电子发票，如图 4-11 所示。

图 4-11　建筑服务电子发票

企业在提供建筑服务并开具发票时，应选择"建筑服务"这项特定业务，需要关注建筑服务发生地、建筑项目名称。这两项内容是必填项，若被随意填写，则取得的建筑服务电子发票是不合格的抵扣凭证，将来不能用于抵扣进项税额和在企业所得税前扣除。开具建筑服务电子发票时，跨地（市）标志也是必填项。在审核发票的时候，也需要关注这项内容是否填写正确。

（3）旅客运输服务电子发票，如图 4-12 所示。

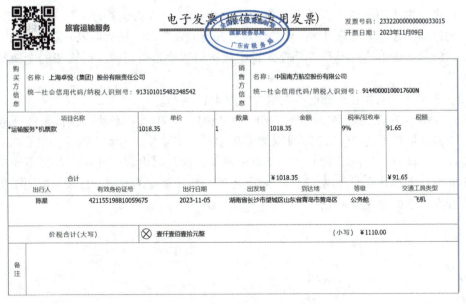

图 4-12　旅客运输服务电子发票

旅客运输服务电子发票，一般是本企业员工在出差过程中取得的电子发票。取得旅客运输服务电子发票时，需要关注出行人是否为本企业员工，出行日期、出发地、到达地是否与出行人实际出差的行程匹配，乘坐交通工具类型是否与出行人出差途经地应乘坐的交通工具匹配，乘坐交通工具的等级和交通工具的类型是否符合企业的规章制度，发票金额是否符合企业的规章制度，等等。

（4）货物运输服务电子发票，如图4-13所示。

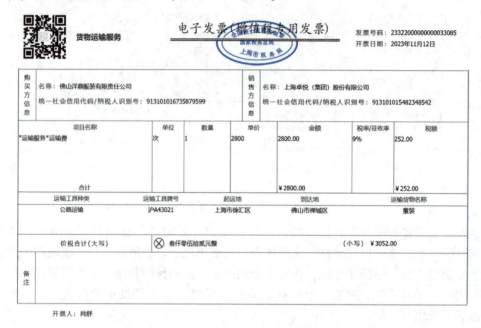

图4-13　货物运输服务电子发票

企业在提供货物运输服务并开具发票时，应选择"货物运输服务"这项特定业务。取得货物运输服务电子发票时，需要关注对方开具的发票是不是货物运输服务发票，运输货物所对应的运输工具种类是否合理，起运地和到达地是否正确，运输费的金额是否合理，等等。

（5）不动产经营租赁服务电子发票，如图4-14所示。

企业在提供不动产经营租赁服务并开具发票时，应选择"不动产经营租赁服务"这项特定业务。取得不动产经营租赁服务电子发票时，需要关注不动产地址、租赁期起止时间、不动产权证号、是否跨地（市）及面积单位，这几项内容是必填项。若不动产地址填写不完整、不准确或不合规，则该发票是不符合法律规定的发票，将来不能用于抵扣进项税额和在企业所得税前扣除。

购买方信息	名称： 上海惠宜服务专卖店				销售方信息	名称： 上海卓悦（集团）股份有限公司			
	统一社会信用代码/纳税人识别号： 91110101284115256					统一社会信用代码/纳税人识别号： 913101015482348542			
项目名称	产权证书/不动产权证号	面积单位	数量	单价		金额	税率/征收率		税额
*经营租赁*其他住房 租赁服务	沪国土房证第06527185号	平方米	800	18.75		15000.00	9%		1350.00
合计						¥15000.00			¥1350.00
价税合计（大写）	⊗ 壹万陆仟叁佰伍拾元整					（小写）¥16350.00			
备注	不动产地址：上海市黄浦区小西路358号；租赁期起止：2023-11-01 2023-11-30；跨地（市）标志：否；出租地址：上海市黄浦区小西路358号								

开票人：肖舒

图 4-14　不动产经营租赁服务电子发票

（6）不动产销售电子发票，如图 4-15 所示。

图 4-15　不动产销售电子发票

企业在销售不动产并开具发票时，应选择"不动产销售"这项特定业务。取得不动产销售电子发票时，需要关注不动产地址、是否跨地（市）及面积单位，这几项内容是必填项。同时，还需要关注以下几点：发票上的面积和单价与购房合同上的面积和单价是否一致；销售给个人的不动产，必须开具增值税普通发票；涉及无偿赠与不动产时，应在发票的"备注"栏内写明"无偿赠与"字样；其他享受免税优惠政策的销售不动产，应在发票的"备注"栏内写明"免税"字样。

（二）银行收付款电子凭证的审核要点

1. 电子商业汇票

取得出票人开具的电子银行承兑汇票和电子商业承兑汇票分别如图 4-16 和图 4-17 所示。

电子商业汇票系统
Electronic Commercial Draft System

电子银行承兑汇票

出票日期 2023-11-22　　票据状态 提示收票待签收

汇票到期日 2024-03-22　　票据号码 11140507070620210318816921275

出票人	全称	上海卓悦（集团）股份有限公司	收款人	全称	厦门日丽日化有限责任公司
	账号	41959946415720		账号	41535944817475
	开户银行	中国建设银行上海市黄浦区支行		开户银行	中国建设银行厦门市思明区支行
出票保证信息	保证人名称：		保证人地址：		保证日期：
票据金额	人民币（大写）	壹佰肆拾贰万肆仟叁佰陆拾伍元整			
承兑人信息	全称	中国建设银行上海市黄浦区支行	开户行行号	102525121315142	
	账号	41545944117471	开户行名称	中国建设银行上海市黄浦区支行	
交易合同号	CG20231101		承兑信息	出票人承诺：本汇票请予以承兑，到期无条件付款	
能否转让	可转让			承兑人承兑：本汇票已经承兑，到期无条件付款	
				承兑日期 2023-11-22	
承兑保证信息	保证人名称：		保证人地址：		保证日期：
评级信息（由出票人、承兑人自己记载，仅供参考）	出票人	评级主体：	信用等级：	评级到期日：	
	承兑人	评级主体：	信用等级：	评级到期日：	

十	亿	千	百	十	万	千	百	十	元	角	分
		¥	1	4	2	4	3	6	5	0	0

图 4-16　电子银行承兑汇票

电子商业汇票系统
Electronic Commercial Draft System

电子商业承兑汇票

出票日期 2023-11-22　　票据状态 提示收票待签收

汇票到期日 2024-04-22　　票据号码 11140507070622023112217985681 0

出票人	全称	上海卓悦（集团）股份有限公司	收款人	全称	三明莲茹百货有限责任公司
	账号	41959946415720		账号	41645627388476
	开户银行	中国建设银行上海市黄浦区支行		开户银行	中国建设银行三明市梅列区支行
出票保证信息	保证人名称：		保证人地址：		保证日期：
票据金额	人民币（大写）	伍拾万元整			
承兑人信息	全称	上海卓悦（集团）股份有限公司	开户行行号	102213620963029	
	账号	41959946415720	开户行名称	中国建设银行上海市黄浦区支行	
交易合同号	CG20231106		承兑信息	出票人承诺：本汇票请予以承兑，到期无条件付款	
能否转让	可转让			承兑人承兑：本汇票已经承兑，到期无条件付款	
				承兑日期 2023-11-22	
承兑保证信息	保证人名称：		保证人地址：		保证日期：
评级信息（由出票人、承兑人自己记载，仅供参考）	出票人	评级主体：	信用等级：	评级到期日：	
	承兑人	评级主体：	信用等级：	评级到期日：	

十	亿	千	百	十	万	千	百	十	元	角	分
			¥	5	0	0	0	0	0	0	0

图 4-17　电子商业承兑汇票

（1）审核业务的真实性。

电子商业汇票的签发、取得和转让必须具有真实交易关系或债权债务关系；只有企业或其他经济组织才能使用电子商业汇票，个人不能使用。

（2）审核票面要素。

① 审核票面要素是否填写齐全。电子商业汇票出票必须记载下列事项：

a. 表明"电子银行承兑汇票"或"电子商业承兑汇票"的字样。

b. 无条件支付的委托。

c. 确定的金额。

d. 出票人名称。

e. 付款人名称。

f. 收款人名称。

g. 出票日期。

h. 票据到期日。

i. 出票人签章。

票面上如未记载上述事项之一或更多，则汇票无效。

② 审核收到的电子商业汇票是否在承兑期限内。电子商业汇票承兑期限最长不得超过1年；实物票据承兑期限最长不得超过6个月。

③ 审核出票人及收款人名称是否出现误写、错写等问题。比如误将"中国石化集团"写成"中石化集团"。

④ 审核票面上是否标明"不得转让"等字样，审核票据是否被限制流通。

⑤ 审核电子商业汇票是否已被质押。

（3）电子商业汇票的管理。

电子商业汇票属于企业重要票据，且往往票面金额很大。在对外取得电子商业汇票时，应只对信誉好、资信高又有长期业务往来的优质客户收取电子银行承兑汇票。在原则上应只收取工行、建行、中行、农行四大国有银行和交通、华夏、浦发、中信、招商、兴业、深发、光大等股份制银行开出的电子银行承兑汇票，尽量不要收取其他金融机构开出的电子银行承兑汇票。

（4）电子商业汇票业务面临的相关风险。

① 票面风险：电子商业汇票的票面信息不符合相关法律规定及中国人民银行相关操作规范的要求，从而导致票据无法使用或托收等风险。

② 背书风险：电子商业汇票背书必须连续，若背书不连续，则会产生相应的背书风险。

③ 托收风险：电子商业汇票到期不能及时托收、托收后资金未能及时到账等风险。

④ 保管风险：收到电子商业汇票后，在持有人持有票据过程中所发生的风险。企业应建立专门的台账管理电子商业汇票，详细登记每一张汇票的号码、金额、出票日、到期日、承兑人等信息，将电子商业汇票按照到期的先后顺序排列，避免出现汇票到期后，未在提示付款期限内办理委托收款等不必要的问题。

2. 网上银行电子回执单

网上银行电子回执单如图4-18所示。

中国建设银行网上银行电子回执单						
币别	人民币	日期	2023-11-23 13:00:00		凭证号:	3434
付款人	全称	上海卓悦（集团）股份有限公司		收款人	全称	苏州金海培训中心
	账号	41959946415720			账号	41785591233965
	开户行	中国建设银行上海市黄浦区支行			开户行	中国工商银行苏州市虎丘区支行
大写金额	人民币壹仟零陆拾元整			小写金额	￥1060.00	元
用途	支付培训费			验证码	4901	
交易状态	银行受理成功					
制单	王淑					
复核	相志					
主管	李志					
重要提示：银行受理成功，本回执不作为收、付款方交易确认的最终依据。						

图 4-18　网上银行电子回执单

（1）网上银行电子回执单的作用。
① 可供核对企业财务记录和银行账单是否一致，排除账目错误的可能性。
② 防止财务人员恶意挪用企业资金，明确资金流向。
③ 有助于解决企业与供应商、客户之间的纠纷。
④ 有助于企业管理者及时掌握企业资金状况，有效管理企业财务。
⑤ 在报税、财务审计等方面提供有力的凭证。

（2）处理网上银行电子回执单的注意事项。
① 及时审核、核对回执单，排除错误和瑕疵。
② 将回执单存储在专门的财务档案中，尤其是在税务局检查和审计时需要准备出示。
③ 系统地归档不同时间段的回执单，方便查阅和核对历史记录。

（3）网上银行电子回执单审核。
① 收款回执单。

企业账户上收到客户转来的款项时，财务人员应先确认这笔款项是应收款项还是预收款项。若属于应收款项，则财务人员应将这笔款项与合同金额、开票金额对应上，做到合同流、资金流、发票流三流合一；若属于预收款项，则财务人员应将预收款项进行登记，与日后签订的合同金额和开票金额对应上。

② 付款回执单。

付款业务，应由业务部门的人员发起付款申请或费用报销流程，并经过内部相关人员的审批。财务人员根据已经过审批的付款申请单或费用报销单登录企业网上银行，发起付款指令。

对外付款，财务人员应审核的付款申请审批单的信息包括：收款单位的全称、银行账号、开户银行名称、付款金额和付款原因等，以及相应的原始凭证。比如支付供应商采购货款时，应附上采购合同。企业的业务人员及部门经理应保证付款业务的真实性及合法合规，以及申请付款的金额准确。财务人员在审核中也应确保付款申请业务的合法合规及金额的准确。

对内付款，费用报销审批单应包含收款人的姓名、部门名称、报销事由、报销金额，并附上相应的原始凭证。比如在出差过程中的住宿费发票、交通费发票等。

(三) 内部电子凭证的审核要点

1. 与销售业务有关的内部票据审核

(1) 销售业务流程。

销售业务流程从制订销售计划开始，到结清销售款项结束，如图4-19所示。

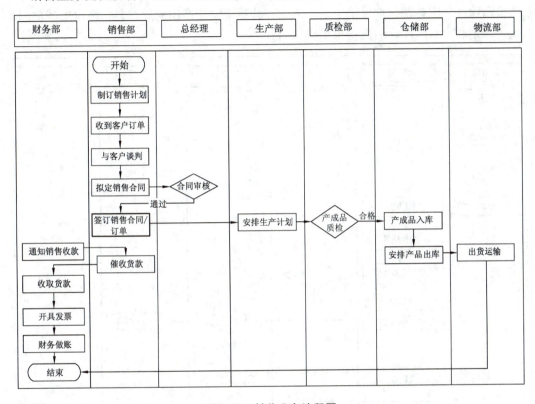

图 4-19　销售业务流程图

(2) 销售业务须审核的单据。

① 销售合同。

② 销售订单。

③ 销售出库单。

④ 销售发货单。

⑤ 销售退货单。

⑥ 银行收款回执单。

(3) 销售业务关键控制点。

① 确保制定的销售政策合理。

② 确保销售结果符合销售计划。

③ 确保销售订单的确认经过严格审核。

④ 确保销售行为符合国家相关法律规定。

⑤ 确保销售订单与合同条款能够实现。

⑥ 确保销售收入确认与计量准确。

⑦ 确保发货收到授权。
⑧ 确保发货按照订单信息进行。

2. 与采购业务有关的内部票据审核

（1）采购业务流程。

采购业务流程从各部门提出采购申请开始，到结算采购货款结束，如图 4-20 所示。若是采购物资，则各部门均可提出采购申请；若是采购生产用的原材料，则由生产部门根据生产计划和材料的库存情况提出采购申请。

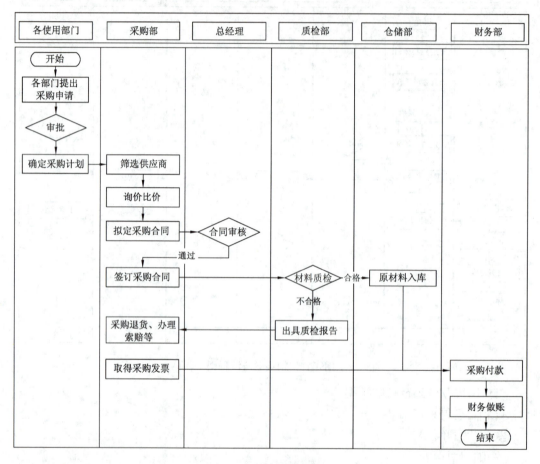

图 4-20 采购业务流程图

（2）采购业务须审核的单据。

① 采购申请单。
② 采购合同。
③ 采购订单。
④ 采购入库单。
⑤ 采购发票。
⑥ 采购退货单。
⑦ 银行付款回执单。

(3) 采购业务关键控制点。
① 确保采购价格合理。
② 确保采购的原材料符合生产需求。
③ 确保原材料采购成本和效率处于优良水平。
④ 确保库存原材料符合生产需求。
⑤ 确保选择的供应商合适。
⑥ 确保采购经过适当授权审批。
⑦ 确保合同条款严格履行。
⑧ 确保采购合同妥善保管。
⑨ 确保预付款得到适当审批。
⑩ 确保合同纠纷得到妥善处理。

3. 与存货生产业务有关的内部票据审核

（1）存货生产业务流程。

存货生产业务流程从制订生产计划开始，到产成品入库结束，如图 4-21 所示。

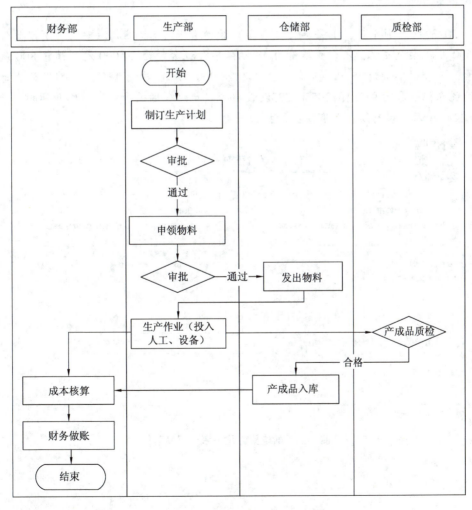

图 4-21 存货生产业务流程图

(2) 存货生产业务须审核的单据。

① 领料单。

② 产成品入库单。

③ 成本计算表单。

(3) 存货生产业务关键控制点。

① 确保编制的生产计划合理。

② 确保生产计划得到有效执行。

③ 确保生产设备得到妥善维护。

④ 确保生产物料按照生产要求领用。

⑤ 确保成本核算准确。

⑥ 确保有效控制生产成本。

⑦ 确保生产的产品质量符合要求。

任务实施

1. 2023 年 11 月 1 日，上海卓悦（集团）股份有限公司向上海景林百货有限责任公司销售 500 瓶飘柔洗发水，不含税单价为 48 元，不含税金额为 24 000 元；销售 800 瓶飘柔护发素，不含税单价为 35 元，不含税金额为 28 000 元。税率为 13%。开票人为肖舒。购买方纳税人识别号为 913513129556422386。要求：请结合题面资料审核已开具的电子发票（图 4-22）填写是否有误，若有误，请指出并更正。

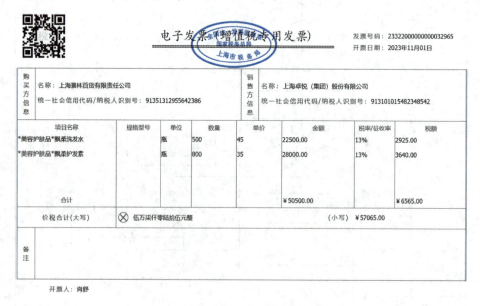

图 4-22 数电票（增值税专用发票）

错误	更正
飘柔洗发水单价：45	飘柔洗发水单价：48
不含税金额：22 500.00	不含税金额：24 000.00
税额：2 925.00	税额：3 120.00
金额合计：50 500.00	金额合计：52 000.00
税额合计：6 565.00	税额合计：6 760.00
价税合计（小写）：57 065.00	价税合计（小写）：58 760.00
价税合计（大写）：伍万柒仟零陆拾伍元整	价税合计（大写）：伍万捌仟柒佰陆拾元整
纳税人识别号：913513129556422386	纳税人识别号：913513129556422386

2. 2023年11月2日，上海卓悦（集团）股份有限公司向天津鑫源商贸有限责任公司销售800瓶舒肤佳沐浴露，不含税单价为580元，不含税金额为464 000元，税率为13%，开票人为肖舒。购买方纳税人识别号为913208022989538298。要求：请结合题面资料审核已开具的电子发票（图4-23）填写是否有误，若有误，请指出并更正。

图4-23　数电票（普通发票）

错误	更正
数量：880	数量：800
金额：510 400.00	金额：464 000.00
税额：66 352.00	税额：60 320.00
金额合计：510 400.00	金额合计：464 000.00
税额合计：66 352.00	税额合计：60 320.00
价税合计（小写）：576 752.00	价税合计（小写）：524 320.00
价税合计（大写）：伍拾柒万陆仟柒佰伍拾贰元整	价税合计（大写）：伍拾贰万肆仟叁佰贰拾元整

3. 2023 年 11 月 18 日，上海卓悦（集团）股份有限公司向上海惠宜服务专卖店出租商铺用于其日常经营，租赁期为 3 年，租赁面积为 800 平方米，租金按月支付，月含税租金为 16 350.00 元，开票人为肖舒。购买方纳税人识别号为 911101012841152569。要求：请结合题面资料审核已开具的电子发票（图 4-24）填写是否有误，若有误，请指出并更正。

其他信息：

项目名称	其他住房租赁服务
不动产权证号	沪国土房证第 06527185 号
不动产地址	上海市黄浦区小西路 358 号
租赁期限	2023-11-01 至 2023-11-30
跨地（市）标志	否

图 4-24 数电票_不动产经营租赁服务（增值税专用发票）

错误	更正
特定业务：数电票_不动产销售（增值税专用发票）	特定业务：数电票_不动产经营租赁服务（增值税专用发票）

4. 2023 年 11 月 6 日，上海卓悦（集团）股份有限公司向上海沭蓝物业有限责任公司提供室内装修，按照合同约定已完成装饰工程的 80%，向其开具电子发票并结算工程款，开票人为肖舒。购买方纳税人识别号为 913301086927180128。买卖合同规定销方应向购方开具增值税专用发票。要求：请结合题面资料审核已开具的电子发票（图 4-25）填写是否有误，若有误，请指出并更正。

其他信息：

项目四 电子票据的审核与整理

项目名称	室内装修
建筑服务发生地	上海市静安区嘉怡花苑15号楼
建筑项目名称	嘉怡花苑装饰工程
金额（含税）/元	580 000.00
税率	9%
税额/元	47 889.91
土地增值税项目编号	0680-23SHZS02JY111
跨地（市）标志	否

图 4-25　数电票_建筑服务（普通发票）

错误	更正
选择票类：普通发票	选择票类：增值税专用发票

5. 上海卓悦（集团）股份有限公司于 2023 年 11 月 22 日购买了厦门日丽日化有限责任公司的一批货物，价款总计 1 424 365.00 元，货物已验收入库。2023 年 11 月 22 日，上海卓悦（集团）股份有限公司向中国建设银行上海市黄浦区支行申请，开具了一张电子银行承兑汇票给厦门日丽日化有限责任公司，票据到期日为 2024 年 3 月 22 日。上海卓悦（集团）股份有限公司的开户行是中国建设银行上海市黄浦区支行，账号是 41959946415720。厦门日丽日化有限责任公司的开户行是中国建设银行厦门市思明区支行，账号是 41535944817475。交易合同号为 CG20231101。要求：请结合题面资料审核已出具的电子银行承兑汇票（图 4-26）填写是否有误，若有误，请指出并更正。

电子票据技术

图 4-26 电子银行承兑汇票

错误	更正
收款人账号：4153594817475	收款人账号：41535944817475

6. 上海卓悦（集团）股份有限公司于 2023 年 11 月 22 日购买了三明莲茹百货有限责任公司的一批货物，价款总计 500 000.00 元，货物已验收入库。2023 年 11 月 22 日，上海卓悦（集团）股份有限公司向中国建设银行上海市黄浦区支行申请，开具了一张电子商业承兑汇票给三明莲茹百货有限责任公司，票据到期日为 2024 年 4 月 22 日。上海卓悦（集团）股份有限公司的开户行是中国建设银行上海市黄浦区支行，账号是 41959946415720。三明莲茹百货有限责任公司的开户行是中国建设银行三明市梅列区支行，账号是 41645627388476。交易合同号为 CG20231106。要求：请结合题面资料审核已出具的电子商业承兑汇票（图 4-27）填写是否有误，若有误，请指出并更正。

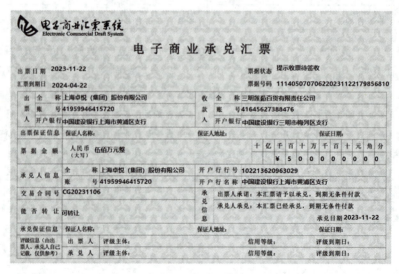

图 4-27 电子商业承兑汇票

错误	更正
票据金额（小写）：5 000 000.00	票据金额（小写）：500 000.00
票据金额（大写）：伍佰万元整	票据金额（大写）：伍拾万元整

7. 2023年11月24日，上海卓悦（集团）股份有限公司向上海幕林百货有限责任公司销售了一批霸王洗发素，销售数量为300瓶，不含税单价为20元，不含税金额为6 000.00元，税率为13%。仓管员胡凤华根据销售出库单准备从成品库中将这批货物如数发出。要求：请结合题面资料审核已填写的销售出库单（图4-28）是否有误，若有误，请指出并更正。

销售出库单

| 仓库 | 洗护用品库 | | 日期 | 2023-11-24 | | 单号 | XSCKD-20231124-1 |
| 往来单位 | 上海幕林百货有限责任公司 | | 摘要 | 产成品出库 | | | |

行号	编码/存货名称	规格型号	单位	数量	不含税金额	单价	税率	税额	价税合计	备注
1	XHP002 霸王洗发水		瓶	300	6000.00	20	13%	780.00	6780.00	
2										
3										
4										
5										
6										
7										
8										
9										
10										
	合计			300	6000.00			780.00	6780.00	

图 4-28　销售出库单

错误	更正
编码/存货名称：XHP002 霸王洗发水	编码/存货名称：XHP001 霸王洗发素

8. 2023年11月28日，上海卓悦（集团）股份有限公司从苏州青山药业有限责任公司采购一批编码为CL002的何首乌原材料，采购数量为3 000千克，不含税单价为23元，不含税金额为69 000.00元，税率为13%，已验收入原材料库。要求：请结合题面资料审核已填写的采购入库单（图4-29）是否有误，若有误，请指出并更正。

采购入库单

仓库	原材料库			日期	2023-11-28		单号	CGRKD-20231128-1			
往来单位	苏州青山药业有限责任公司			摘要	采购材料并入库						

行号	编码/存货名称	规格型号	单位	数量	不含税金额	单价	税率	税额	价税合计	备注
1	CL002 何首乌		千克	3300	75900.00	23	13%	9867.00	85767.00	
2										
3										
4										
5										
6										
7										
8										
9										
10										
	合计			3300	75900.00			9867.00	85767.00	

图 4-29 采购入库单

错误	更正
数量：3 300	数量：3 000
不含税金额：75 900.00	不含税金额：69 000.00
税额：9 867.00	税额：8 970.00
价税合计：85 767.00	价税合计：77 970.00
数量列合计：3 300	数量列合计：3 000
不含税金额列合计：75 900.00	不含税金额列合计：69 000.00
税额列合计：9 867.00	税额列合计：8 970.00
价税合计列合计：85 767.00	价税合计列合计：77 970.00

9. 2023 年 11 月 24 日，生产车间李晓艳为生产产品到原材料库领用材料编号为 CL002 的何首乌 500 千克，仓管员胡凤华实发何首乌 500 千克。要求：请结合题面资料审核已填写的领料单（图 4-30）是否有误，若有误，请指出并更正。

领料单

仓库	原材料库			日期	2023-11-24		单号	LLD-20231124-1		
部门	生产车间			摘要	领用材料					

行号	编码/存货名称	规格型号	单位	数量	金额	单价	备注
1	CL002 何首乌		千克	600			
2							
3							
4							
5							
6							
7							
8							
9							
10							
	合计			600			

图 4-30 领料单

错误	更正
数量：600	数量：500

项目四 电子票据的审核与整理

任务二　电子票据的业务分类

案例导入

某电子产品制造商 A 公司是一家生产手机、台式电脑、平板电脑等各类电子产品的大型公司，财务部每天都会收到各类经济业务的电子票据：有采购部门提交的采购发票；有仓储部门提交的采购入库单、产品入库单、产品出库单等；有销售部门提交的销售单；有财务部门的出纳人员打印的客户回单；等等。

小王是一名初入职场的大学毕业生，对经济业务流程、经济业务类型的认识都还停留在书本上。面对这么多从各部门流转过来的票据，小王不清楚哪些票据是由销售业务产生的，哪些票据是由采购业务产生的，也不清楚该如何将这些相关联的票据进行归类，为了扫除知识和实践盲区，小王开启了夜以继日的填补知识和实践空缺的生活。

任务准备

本任务将从经济业务的视角，介绍电子票据的分类及不同经济业务涉及的原始凭证。

一、经济业务概述

经济业务又称会计事项，是指在企业、行政事业单位的生产经营活动或业务执行过程中发生的、能引起会计要素增减变动的事项，可分为对外经济业务和内部经济业务两类。

对外经济业务是指企业与其他企业或单位发生交易行为而产生的经济事项，比如筹集资金、向供应商采购货物、向银行借款和归还借款、向客户销售产品或提供服务等。

内部经济业务是指企业内部成本、费用的耗用，以及因各会计要素之间的调整而产生的经济事项，比如企业生产产品所耗用的原材料、企业员工的工资收入、社保及公积金的分配、机器设备的折旧等。

二、经济业务的分类及整理思路与方法

在介绍经济业务的分类之前，以欣百味食品公司日常的经营业务活动为切入点，对本知识点进行讲解。

欣百味食品公司发生的那些事儿

欣百味食品公司是某地比较出名的食品加工公司，其生产的水果罐头深受消费者的喜爱，在市场上非常畅销。欣百味食品公司采用长期租赁方式租入厂房，采用短期租赁方式租入办公场所。欣百味食品公司下设 6 个部门，分别是办公室、采购部、销售部、财务部、仓管部及生产车间。各个职能部门明确分工，各司其职。

159

采购部负责采购原材料，即采购新鲜的水果；生产车间负责产品的生产加工；销售部负责市场营销，完成公司的销售业绩目标；财务部负责支付货款、核算水果罐头的成本，以及开具销售发票、核算收入、处理员工日常的报销业务等；仓管部负责仓库的日常管理、安全管理等工作。

欣百味食品公司的生产工艺流程如图4-31所示。

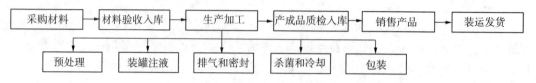

图4-31　欣百味食品公司生产工艺流程图

欣百味食品公司的财务工作流程如图4-32所示。

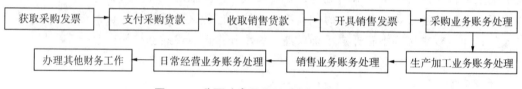

图4-32　欣百味食品公司财务工作流程图

（1）采购材料：采购人员前往当地水果批发市场采购原材料，包括桃子、苹果、橙子、荔枝等。水果批发市场的商家负责联系运输公司将水果运输到欣百味食品公司。

（2）材料验收入库：采购部负责验收购入的水果，检查水果的外观，包括是否破损、霉变、腐烂等；检查水果的气味是否异常；检查水果的质地；检查水果的口感等情况。各方面验收合格后，采购部将这批水果移交仓管部的工作人员，存放到材料仓库进行妥善管理。

（3）生产加工：生产加工包括以下5个环节，生产车间主任安排车间工人完成这些环节的工作任务。

① 预处理：车间工人从仓库领取水果，然后完成水果去皮、去核、切半等步骤。

② 装罐注液：将处理好的水果放入相应的罐子中，注入适量的水或果汁，使罐内液面高度不超过罐口边缘。

③ 排气和密封：在罐内压强达到一定值后，排气并密封。

④ 杀菌和冷却：在高温高压下进行杀菌，然后在低温下冷却。

⑤ 包装：将生产完工的产品进行包装。

（4）产成品质检入库：产品生产完成后，车间的质检人员按照质检标准对产成品进行质检，质检合格后，车间工人将产成品移交仓库管理人员并存放在产成品仓库。

（5）销售产品：由于水果罐头在市场上非常畅销，销售部已和各大超市签订了销售合同。销售人员根据和各大超市签订的销售合同，在财务信息软件中填开电子销售订单，并下推生成发货单。

（6）装运发货：销售人员前往仓库通知仓库管理人员按照发货单上的产品名称、规格型号、数量等要求将货物妥善装箱后，安排运输队在指定的时间内将货物运输到指定的地点，完成交付。

（7）财务工作：财务工作主要包括以下几个方面。

① 财务人员通知采购部向水果批发市场的商家申请开具采购发票。

② 采购人员发起采购付款申请流程，采购付款申请流程在内部审批通过后，出纳人员在企业网银系统内发起付款指令，财务经理审批付款指令，开户银行完成资金划转。

③ 财务人员根据合同上的收款日期通知销售人员向客户催收货款。

④ 销售人员发起开票申请流程，开票申请流程在内部审批通过后，财务人员根据开票申请内容，结合合同信息开具电子发票。

⑤ 财务人员根据采购发票、付款单、采购入库单等单据核算采购成本。

⑥ 财务人员根据生产过程所发生的生产费用，按照会计准则规定的方法核算生产加工环节的产品成本，包括耗用的材料成本、人工成本、水电费及厂房、机器设备的折旧费等。

⑦ 财务人员根据销售发票、收款单、出库单等核算产品的销售收入和销售成本。

⑧ 财务人员核算采购人员、销售人员等因公出差发生的差旅费报销、费用报销等。

⑨ 财务人员办理其他与财务相关的业务。

欣百味食品公司预测市场趋势增长，市场前景好，于是准备在来年让企业的销售增长率在本年的基础上增长10个百分点。为了实现这一目标，公司的高层领导与当地的银行洽谈借款事宜，最终向银行借入期限为3年的500万元资金用于企业的日常经营，并与银行签订借款协议，约定贷款年利率、利息的支付方式等。

公司机器设备目前的生产状态是满负荷的，若要扩大生产，则需要购入机器设备。采购部接到高层领导的指令，在市场上采购了一批性价比极高的生产设备用于产品的生产。

公司规定财务部和仓管部的领导应定期组织两个部门的人员盘点仓库的存货，定期检查存货的数量和质量，做好公司库存管理。

公司章程规定，年底的净利润，在弥补完以前年度亏损、提取法定盈余公积后，按照50%的固定股利支付率向股东发放现金股利。

（一）经济业务的分类

根据欣百味食品公司的生产经营各环节，可以对经济业务进行分类，见表4-1。

表4-1 经济业务类型及相关说明

经济业务类型	说明
资金筹集业务	公司与银行签订借款协议并借入款项的经济活动属于资金筹集业务
固定资产业务	采购部采购了一批性价比极高的生产设备的经济活动属于固定资产业务
材料采购业务	采购部向水果批发市场的商家采购水果并支付货款的经济活动属于材料采购业务
生产业务	生产车间的整个工艺流程，财务人员核算产品耗用的材料成本、人工成本、水电费及厂房、机器设备的折旧费等经济活动属于生产业务
销售业务	销售部接受订单、签订合同、安排发货、开具发票及收取货款等经济活动属于销售业务
期间费用业务	采购人员、销售人员因公出差发生的差旅费报销、费用报销，从银行取得的借款每期计提利息等经济活动属于期间费用业务
财产清查业务	公司定期组织的存货盘点，若发现盘盈或盘亏并进行处理的经济活动属于财产清查业务

（二）经济业务的整理思路与方法

经济业务的整理思路与方法的介绍将以欣百味食品公司发生的业务为背景。票据电子化是一种发展趋势，实务中并不是所有票据均实现了电子化，下面的经济业务将会涉及少量非电子票据。

1. 资金筹集业务

（1）概念。

资金筹集简称筹资，是企业根据生产经营、对外投资和调整资本结构等活动对资金的需要，通过一定的渠道，采用适当的方式，获取所需资金的一种行为。

（2）筹资渠道与方式。

① 筹资渠道。

筹资渠道是指企业资金的来源。企业融资渠道可分为国内融资和国外融资两个方面。

② 筹资方式。

筹资方式是指企业筹措资金的具体形式。资金来源的多渠道特征要求筹资方式也必须多样化。目前，企业的筹资方式主要有吸收直接投资、发行股票、利用留存收益、向银行借款、发行公司债券等。

（3）业务整理。

以欣百味食品公司向银行借入长期借款为例，财务人员首先将众多经济业务的原始凭证按照以上 7 种经济业务类型归类好，再在资金筹集业务类别中，按照不同的筹资方式进行进一步细分。不同的细分业务类型，对应着不同的原始凭证。取得长期借款业务的原始凭证是一张借款借据，如图 4-33 所示。

借 款 借 据

单位编号：00000007　　借款日期 2023年 11月 05日　　合同编号：14510

收款单位	名 称	欣百味食品公司	借款单位	名 称	欣百味食品公司
	结算户账号	62760250403716		贷款户账号	62399086162790
	开户银行	交通银行广州市荔湾区支行		开户银行	交通银行广州市荔湾区支行

借款金额	人民币伍佰万元整	亿	千	百	十	万	千	百	十	元	角	分
			¥	5	0	0	0	0	0	0	0	0

借款原因及用途	资金不足借款	批准借款利率	年息 6.90 %

借款期限			
期次	计划还款日期	√	计划还款金额
1	2026-11-05		5000000.00
2			
3			

备注：

你单位上列借款，已转入你单位结算户内。借款到期时由我行按期自你单位结算户转还。

此致

借款单位　欣百味食品公司 财务专用章　张吉惟

（银行盖章）交通银行广州市荔湾区支行 2023-11-05 转讫（01）

此联由银行退借款单位作入账通知

图 4-33　借款借据

2. 固定资产业务

（1）概念。

固定资产是企业为生产产品、提供劳务、经营管理或出租而持有的，使用寿命超过一个会计年度的有形资产。

（2）业务特征。

① 单位价值大，要在规定标准以上，一般指单价在 2 000 元以上的生产资料。

② 使用期限较长，一般要超过一个会计年度。

（3）业务内容。

固定资产的内容包括房屋建筑物、机器设备、运输设备、工具及器具等。

（4）取得来源。

固定资产的取得来源包括企业自建或购买、接受投资或捐赠、盘盈等，其中自建或购买是主要来源。

（5）业务整理。

以欣百味食品公司购入固定资产为例，购入不需要安装的固定资产业务涉及的原始凭证有固定资产采购发票（增值税专用发票或普通发票）、新增固定资产登记表、网上银行电子回执单，如图 4-34、图 4-35、图 4-36 所示。若企业尚未支付供应商生产设备款，则不涉及网上银行电子回执单。

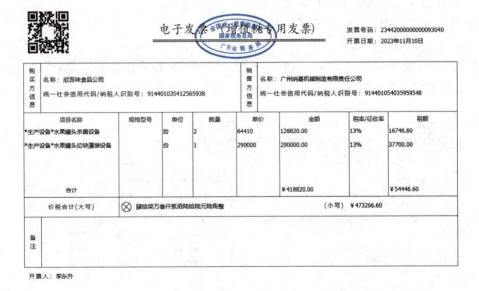

图 4-34　固定资产采购发票

图 4-35　新增固定资产登记表

中国建设银行网上银行电子回执单					
币别：人民币		日期：2023-11-10 10:00:00		凭证号：4052	
付款人	全称	欣百味食品公司	收款人	全称	广州纳基机械制造有限责任公司
	账号	41456923433165		账号	41833819122898
	开户行	中国建设银行广州市荔湾区支行		开户行	中国建设银行广州市海珠区支行
大写金额		人民币肆拾柒万叁仟贰佰陆拾陆元陆角整	小写金额		￥473266.60　元
用途		支付生产设备款	验证码		1312
交易状态		银行受理成功				
制单		王宁				
复核		林杨				
主管		潘瑞雪				
重要提示：银行受理成功，本回执不作为收、付款方交易确认的最终依据。					

图 4-36　网上银行电子回执单

3. 材料采购业务

（1）概念。

材料采购是指企业利用货币资金购买材料的活动，是生产准备业务的主要内容之一。为了核算企业外购材料的买价和采购费用，计算确定材料采购的实际成本，应设置和运用"材料采购"账户。

（2）业务内容。

① 材料品种、规格等方面的要求。

② 材料数量、价格等方面的要求。

③ 材料交货期限、运输方式等方面的要求。

（3）业务整理。

材料采购业务涉及的原始凭证有材料采购发票（增值税专用发票或普通发票）、采购入库单、网上银行电子回执单，如图4-37、图4-38、图4-39所示。

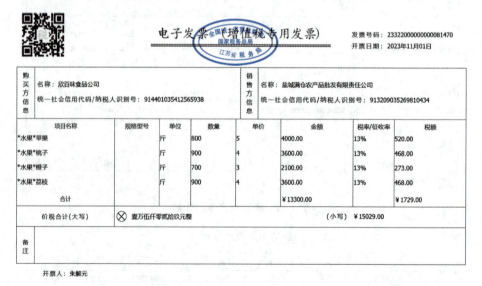

图 4-37　材料采购发票

采购入库单

行号	编码/存货名称	规格型号	单位	数量	不含税金额	单价	税率	税额	价税合计	备注
1	101 苹果		斤	800	4000.00	5	13%	520.00	4520.00	
2	102 桃子		斤	900	3600.00	4	13%	468.00	4068.00	
3	103 橙子		斤	700	2100.00	3	13%	273.00	2373.00	
4	104 荔枝		斤	900	3600.00	4	13%	468.00	4068.00	
5										
6										
7										
8										
9										
10										
	合计			3300	13300.00			1729.00	15029.00	

仓库：原材料库　日期：2023-11-01　单号：CGRKD-20231101-1
往来单位：盐城满仓农产品批发有限责任公司　摘要：采购材料入库

图 4-38　采购入库单

中国建设银行网上银行电子回执单

币别：人民币	日期：2023-11-01 10:07:00	凭证号：2983
付款人 全称 账号 开户行	欣百味食品公司 41456923433165 中国建设银行广州市荔湾区支行	收款人 全称 账号 开户行	盐城满仓农产品批发有限责任公司 41177680903440 中国建设银行盐城市盐都区支行

大写金额	人民币壹万伍仟零贰拾玖元整	小写金额	￥15029.00 元
用途	货款	验证码	0264
交易状态	银行受理成功		
制单	焦仁		
复核	王俊		
主管	张英敏		
重要提示：银行受理成功，本回执不作为收、付方交易确认的最终依据。

图 4-39　网上银行电子回执单

① 若收到采购发票，且材料已入库，但尚未支付采购款，则不涉及网上银行电子回执单。

② 若收到采购发票，并已支付采购款，但采购材料尚未入库，则不涉及采购入库单。

③ 若材料已入库，且已支付采购款，但截至期末仍未收到采购发票，则不涉及增值税专用发票或普通发票。

4. 生产业务

（1）生产过程概述。

生产过程是制造企业生产经营活动的主要过程，是连接供应与销售两个过程的中心环节。

（2）生产费用的内容。

生产费用是指在一定时期产品生产过程中发生或支出的耗费，包括生产产品所消耗的原材料、生产工人的工资及福利费、固定资产的折旧费，以及生产部门为组织和管理生产而发生的各种费用，即直接材料、直接人工、制造费用。

（3）业务整理。

① 直接材料。

直接材料是指企业在生产产品和提供劳务过程中所消耗的，直接用于产品生产并构成产品实体的原料、主要材料、外购半成品，以及有助于产品形成的辅助材料及其他直接材料。以欣百味食品公司核算原材料成本为例，直接材料涉及的原始凭证有领料单，如图 4-40 至图 4-43 所示；发出材料单位成本计算表，如图 4-44 所示；原材料发出汇总表，如图 4-45 所示。

图 4-40　领料单（一）

图 4-41　领料单（二）

图 4-42　领料单（三）

领料单

仓库	原材料库		日期	2023-11-03	单号	LLD-20231103-4
部门	生产车间		摘要	生产荔枝罐头领用材料		

行号	编码/存货名称	规格型号	单位	数量	金额	单价	备注
1	104 荔枝		斤	900			
2							
3							
4							
5							
6							
7							
8							
9							
10							
		合计		900			

图 4-43　领料单（四）

发出材料单位成本计算表

日期：2023-11-30　　　　　　　　　　　　　　　　　　　　　　　　单位：元

材料名称	单位	期初数量	期初金额	本期入库数量	本期入库金额	单位成本
苹果	斤	1500	7500	800	4000	5
桃子	斤	1500	6000	900	3600	4
橙子	斤	1500	4500	700	2100	3
荔枝	斤	1500	6000	900	3600	4
合计			24000		13300	

制表：林子帆　　　　　　　　　　　　　　　　　　　　　　审核：刘玟雅

图 4-44　发出材料单位成本计算表

原材料发出汇总表

日期：2023-11-30　　　　　　　　　　　　　　　　　　　　　　　　单位：元

领用部门	领料用途	产品	苹果		桃子		橙子		荔枝		合计
			数量	金额	数量	金额	数量	金额	数量	金额	
生产车间	生产产品直接领用	苹果罐头	800	4000							4000
生产车间	生产产品直接领用	桃子罐头			800	3200					3200
生产车间	生产产品直接领用	橙子罐头					900	2700			2700
生产车间	生产产品直接领用	荔枝罐头							900	3600	3600
合计			800	4000	800	3200	900	2700	900	3600	13500

制表：林子帆　　　　　　　　　　　　　　　　　　　　　　审核：刘玟雅

图 4-45　原材料发出汇总表

② 直接人工及制造费用。

直接人工是指企业在生产产品和提供劳务过程中，直接从事产品生产的工人的工资、津贴、补贴、福利费、社保等。以欣百味食品公司核算应付工资为例，涉及的原始凭证有生产工时明细表、工资明细表、工资分配表，如图 4-46、图 4-47、图 4-48 所示。

生产工时明细表

2023-11-30　　　　　　　　　　　　　单位：小时

车间	产品	生产工时
生产车间	苹果罐头	440
生产车间	桃子罐头	448
生产车间	橙子罐头	432
生产车间	荔枝罐头	440
合计		1760

图 4-46　生产工时明细表

工资明细表

2023-11-30　　　　　　　　　　　　　　　　　　单位：元

姓名	部门	岗位	应付工资
张吉惟	办公室	法定代表人	12000
林舒	办公室	总经理	10000
刘玟雅	财务部	财务经理	8000
林子帆	财务部	会计	7200
阮建安	财务部	出纳	5500
夏志豪	采购部	采购经理	8000
李斌	采购部	采购员	6800
洪霞	销售部	销售经理	8000
刘姿婷	销售部	销售员	6600
荣康生	销售部	销售员	6600
方一强	生产车间	生产车间主任	8000
吴美云	生产车间	车间核算员	7300
李雅琴	生产车间	车间工人	6500
林家晖	生产车间	车间工人	6500
陈惠	生产车间	车间工人	6500
吴真	生产车间	车间工人	6500
李成白	生产车间	车间工人	6500
郭方天	生产车间	车间工人	6500
王文婷	生产车间	车间工人	6500
张智云	生产车间	车间工人	6500
陈玉心	生产车间	车间工人	6500
王珠珠	生产车间	车间工人	6500
江逸云	仓管部	仓管员	5700
合计			164700

图 4-47　工资明细表

工资分配表

日期：2023-11-30　　　　　　　　　　　　　　　　　　单位：元

应借科目		直接计入	分配计入			合计
			生产工时/小时	分配率	分配金额	
管理费用		63200				63200
销售费用		21200				21200
制造费用		15300				15300
生产成本	苹果罐头		440	36.931818	16250	16250
生产成本	桃子罐头		448	36.931818	16545.45	16545.5
生产成本	橙子罐头		432	36.931818	15954.55	15954.6
生产成本	荔枝罐头		440	36.931818	16250	16250
合计		99700	1760		65000	164700

制表：林子帆　　　　　　　　　　　　　　　　　　审核：刘玟雅

图 4-48　工资分配表

制造费用是指企业为生产产品和提供劳务而发生的各项间接费用，包括企业生产部门（如生产车间）管理人员的职工薪酬、折旧费、办公费、水电费、机物料损耗、劳动保护费、季节性和修理期间停工损失、为生产产品发生的符合资本化条件的借款费用、产品生产用的自行开发或外购的无形资产摊销等。

需要注意的是，车间管理人员的工资属于制造费用；车间工人的工资属于直接人工；销售部人员的工资属于销售费用；其他部门人员的工资属于管理费用。直接人工与制造费用属于生产成本，销售费用和管理费用属于期间费用。

5. 销售业务

（1）业务内容。

销售过程是企业生产经营活动的最后一个阶段，主要业务内容有：

① 销售产品，取得收入，结算货款。

② 计算并缴纳销售税金。

③ 结转已销售产品的销售成本。

④ 其他业务（销售材料、出租包装物等）。

销售收入是指企业通过销售产品或提供劳务所获得的货币收入，以及形成的应收销货款。按销售的类型，销售收入包括产品销售收入和其他销售收入两部分。

销售成本是指企业已销售产品的生产成本或已提供劳务的劳务成本，以及其他销售的业务成本，包括主营业务成本和其他业务成本两部分。

（2）业务整理。

以欣百味食品公司销售产品业务为例，产品销售收入涉及的原始凭证有销售发票（增值税专用发票或普通发票）、销售单、网上银行电子回执单，如图 4-49、图 4-50、图 4-51 所示。

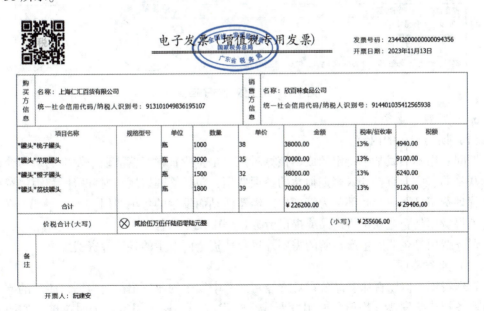

图 4-49　销售发票

销售单

仓库	产成品库			日期	2023-11-13		单号	XSD-20231113-1
往来单位	上海仁汇百货有限公司			摘要	销售商品			

行号	编码/存货名称	规格型号	单位	数量	不含税金额	单价	税率	税额	价税合计	备注
1	101 苹果罐头		瓶	2000	70000.00	35	13%	9100.00	79100.00	
2	102 桃子罐头		瓶	1000	38000.00	38	13%	4940.00	42940.00	
3	103 橙子罐头		瓶	1500	48000.00	32	13%	6240.00	54240.00	
4	104 荔枝罐头		瓶	1800	70200.00	39	13%	9126.00	79326.00	
5										
6										
7										
8										
9										
10										
	合计			6300	226200.00			29406.00	255606.00	

图 4-50 销售单

中国建设银行网上银行电子回执单

币别：人民币		日期：2024-01-13 09:00:00		凭证号：5004	
付款人	全称	上海仁汇百货有限公司	收款人	全称	欣百味食品公司
	账号	41448202442841		账号	41456923433165
	开户行	中国建设银行上海市徐汇区支行		开户行	中国建设银行广州市荔湾区支行
大写金额		人民币贰拾伍万伍仟陆佰零陆元整	小写金额		￥255606.00 元
用途		货款	验证码		2504
交易状态		银行受理成功			
制单		孙海虹			
复核		康振国			
主管		陈焕东			
重要提示：银行受理成功，本回执不作为收、付款方交易确认的最终依据。					

图 4-51 网上银行电子回执单

6. 期间费用业务

（1）期间费用的内容。

期间费用不归属某个特定的成本核算对象，是企业日常经营活动中发生的、与会计期间相联系的、应当直接计入当期损益的各项费用，包括管理费用、财务费用和销售费用。

管理费用是企业行政部门为管理生产经营活动而发生的各项费用。

销售费用是企业在销售产品或提供劳务过程中发生的各项费用。

财务费用是企业因生产经营的需要筹集负债资金而发生的各项筹资费用。

（2）业务整理。

管理费用，以欣百味食品公司日常经营活动中发生的业务招待费为例，涉及的原始凭证有业务招待费发票（增值税专用发票或普通发票）和网上银行电子回执单，如图 4-52 和图 4-53 所示。

图 4-52 业务招待费发票

中国建设银行网上银行电子回执单

币别	人民币		日期	2023-11-30 16:00:00		凭证号：	5526	
付款人	全称	欣百味食品公司			收款人	全称	上海欣欣酒店有限公司	
	账号	41456923433165				账号	41921886704913	
	开户行	中国建设银行广州市荔湾区支行				开户行	中国建设银行上海市黄浦区支行	
大写金额	人民币贰仟壹佰元整				小写金额	￥2100.00		元
用途	支付餐费				验证码	4501		
交易状态	银行受理成功							
制单	焦仁							
复核	王俊							
主管	张英敏							
重要提示：银行受理成功，本回执不作为收、付款方交易确认的最终依据。								

图 4-53 网上银行电子回执单

销售费用，以欣百味食品公司发生的广告费支出为例，涉及的原始凭证有广告费发票（增值税专用发票或普通发票）和网上银行电子回执单，如图4-54和图4-55所示。

图 4-54 广告费发票

中国建设银行网上银行电子回执单					
币别：人民币		日期：2023-11-30 12:00:00		凭证号：5896	
付款人	全称	欣百味食品公司	收款人	全称	广州喜豪广告服务有限责任公司
	账号	41456923433165		账号	41732424398825
	开户行	中国建设银行广州市荔湾区支行		开户行	中国建设银行广州市海珠区支行
大写金额	人民币伍万叁仟元整		小写金额	￥53000.00 元	
用途	支付广告费		验证码	5556	
交易状态	银行受理成功			中国建设银行广州市荔湾区支行 电子回单 专用章	
制单	焦仁				
复核	王俊				
主管	张英敏				
重要提示：银行受理成功，本回执不作为收、付款方交易确认的最终依据。					

图 4-55　网上银行电子回执单

财务费用，以欣百味食品公司向银行借入借款而产生的借款利息为例，涉及的原始凭证是银行借款利息计算表，如图 4-56 所示。

银行借款利息计算表

日期：2023-11-30　　单位：元

借款种类	借款金额	贷款年利率	月利息额	备注
36个月周转借款	5000000	6.90%	24916.67	2023-11-05借入（合同号：14510）
合计			24916.67	

制表：林子帆　　审核：刘玫雅

图 4-56　银行借款利息计算表

7. 财产清查业务

（1）财产清查的概念。

财产清查就是通过对现金、存货、固定资产的实地盘点，对无形资产的实地查证，对银行存款、往来款项的查询核对，确定某一时点企业财产物资的实存数，查明账存数与实存数是否相符的一种会计核算方法。

（2）财产清查的种类。

财产清查按清查的范围和对象不同，可以分为全面清查和局部清查；按清查的时间不同，可以分为定期清查和不定期清查。

（3）财产清查的结果。

财产清查的结果包括账实相符与账实不符。账实不符时有两种结果：实存数大于账存数属于盘盈；实存数小于账存数属于盘亏。

（4）业务整理。

以欣百味食品公司对材料盘点为例。发现原材料实存数与账存数不相符时涉及的原始凭证是简易存货盘盈盘亏报告表，如图 4-57 所示；对盘盈或盘亏数额进行处理时涉及的原始凭证是存货盘盈盘亏核销报告表，如图 4-58 所示。

简易存货盘盈盘亏报告表

企业名称：欣百味食品公司　　　2023-11-30　　　　　　　　　　　单位：元

存货名称	计量单位	单价	数量		盘盈		盘亏		差异原因
			账存	实存	数量	金额	数量	金额	
荔枝	斤		1500	1500					
苹果	斤	5.00	1500	1490			10	50.00	合理损耗
橙子	斤		1300	1300					
桃子	斤		1600	1600					

单位主管部门批复处理意见：情况属实

批准人：林舒　　　　　　部门负责人：刘玫雅　　　　　　制单：林子帆

图 4-57　简易存货盘盈盘亏报告表

存货盘盈盘亏核销报告表

2023-11-30　　　　　　　　　　　　　　　　　　　　　　单位：元

编号	品名	单位	账面数量	实存数量	盘盈		盘亏		原因
					数量	金额	数量	金额	
101	苹果	斤	1500	1490			10	50.00	合理损耗
合计								50.00	
财务部门处理意见	盘亏按《企业会计准则》规定进行处理。						签字	刘玫雅	
保管部门意见	同意						签字	江逸云	
公司领导意见	同意						签字	林舒	

图 4-58　存货盘盈盘亏核销报告表

任务实施

要求：请结合【任务准备】所学到的知识，观察北京昕怡食品有限责任公司的票据，描述其所属的经济业务类型。

1. 借款借据（图 4-59）

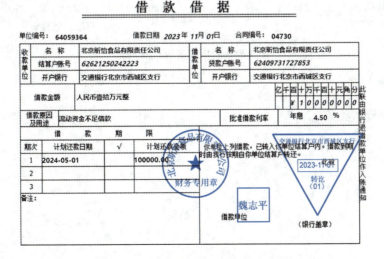

图 4-59　借款借据

经济业务类型

属于资金筹集业务。

2. 数电票（增值税专用发票）（图 4-60）

电子发票（增值税专用发票）

发票号码：23372000000000024979
开票日期：2023年11月02日

购买方信息	名称：北京昕怡食品有限责任公司 统一社会信用代码/纳税人识别号：911101021835038442		销售方信息	名称：临沂全祥机械制造有限责任公司 统一社会信用代码/纳税人识别号：913713129556422385	
项目名称	规格型号	单位	数量	单价	金额	税率/征收率	税额
*生产设备*搅拌机	FZ001	台	5	50000	250000.00	13%	32500.00
合计					¥250000.00		¥32500.00
价税合计(大写)	⊗ 贰拾捌万贰仟伍佰元整				(小写) ¥282500.00		
备注							

开票人：朱建军

图 4-60　数电票（增值税专用发票）

经济业务类型

属于固定资产业务。

3. 新增固定资产登记表（图 4-61）

新增固定资产登记表
2023年11月2日

资产名称	种类	单位	数量	购入日期	投入使用日期	使用部门
搅拌机	生产设备	台	5	2023-11-2	2023-11-2	生产车间

制表：王雪婷　　　　　　　　　　　　　　　　审核：张英敏

图 4-61　新增固定资产登记表

经济业务类型

属于固定资产业务。

4. 网上银行电子回执单（图 4-62）

中国建设银行网上银行电子回执单					
币别：人民币		日期：2023-11-02 10:00:00		凭证号：5589	
付款人	全称	北京昕怡食品有限责任公司	收款人	全称	临沂全祥机械制造有限责任公司
	账号	41361932844601		账号	41751073885520
	开户行	中国建设银行北京市西城区支行		开户行	中国建设银行临沂市河东区支行
大写金额		人民币贰拾捌万贰仟伍佰元整	小写金额		￥282500.00　　元
用途		支付生产设备款	验证码		1122
交易状态		银行受理成功			
制单		宫紫			
复核		付颖			
主管		王一			
重要提示：银行受理成功，本回执不作为收、付款方交易确认的最终依据。					

图 4-62　网上银行电子回执单

经济业务类型

属于固定资产业务。

5. 数电票（增值税专用发票）（图 4-63）

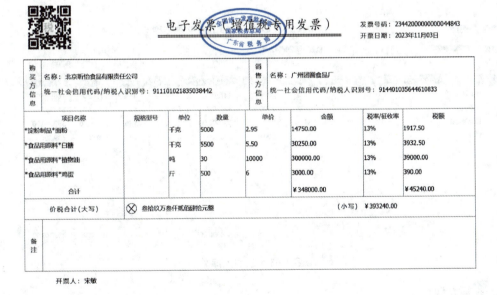

图 4-63　数电票（增值税专用发票）

经济业务类型

属于材料采购业务。

6. 网上银行电子回执单（图4-64）

中国建设银行网上银行电子回执单			
币别：人民币	日期：2023-11-03 09:00:00	凭证号：6645	
付款人	全称 北京昕怡食品有限责任公司	收款人	全称 广州团圆食品厂
	账号 41361932844601		账号 41921044986366
	开户行 中国建设银行北京市西城区支行		开户行 中国建设银行广州市荔湾区支行
大写金额	人民币叁拾玖万叁仟贰佰肆拾元整	小写金额	￥393240.00 元
用途	货款	验证码	1369
交易状态	银行受理成功		
制单	宫紫		
复核	付颖		
主管	王一		
重要提示：银行受理成功，本回执不作为收、付款方交易确认的最终依据。			

图4-64　网上银行电子回执单

经济业务类型

属于材料采购业务。

7. 采购入库单（图4-65）

采购入库单

仓库：原材料库　　日期：2023-11-03　　单号：CGRKD-20231103-1
往来单位：广州团圆食品厂　　摘要：采购材料入库

行号	编码/存货名称	规格型号	单位	数量	不含税金额	单价	税率	税额	价税合计	备注
1	101面粉		千克	5000	14750.00	2.95	13%	1917.50	16667.50	
2	102白糖		千克	5500	30250.00	5.5	13%	3932.50	34182.50	
3	103植物油		吨	30	300000.00	10000	13%	39000.00	339000.00	
4	104鸡蛋		斤	500	3000.00	6	13%	390.00	3390.00	
5										
6										
7										
8										
9										
10										
合计					348000.00			45240.00	393240.00	

图4-65　采购入库单

经济业务类型

属于材料采购业务。

8. 领料单（图 4-66）

领料单

仓库	原材料库		日期	2023-11-03	单号	LLD-20231103-1
部门	生产车间		摘要	生产可可夹心饼干领用材料		

行号	编码/存货名称	规格型号	单位	数量	金额	单价	备注
1	101 面粉		千克	2000			
2	102 白糖		千克	2000			
3	103 植物油		吨	10			
4	104 鸡蛋		斤	400			
5							
6							
7							
8							
9							
10							
	合计						

图 4-66　领料单

经济业务类型

属于生产业务。

9. 发出材料单位成本计算表（图 4-67）

发出材料单位成本计算表

日期：2023-11-30　　　　　　　　　　　　　　　　　　　　　　　单位：元

材料名称	单位	期初数量	期初金额	本期入库数量	本期入库金额	单位成本
面粉	千克	1500	4425	5000	14750	2.95
白糖	千克	1500	8250	5500	30250	5.5
植物油	吨	1500	15000000	30	300000	10000
鸡蛋	斤	1500	9000	500	3000	6
合计			15021675		348000	

制表：王雪婷　　　　　　　　　　　　　　　　　　　　　　　审核：张英敏

图 4-67　发出材料单位成本计算表

经济业务类型

属于生产业务。

10. 原材料发出汇总表（图 4-68）

原材料发出汇总表

日期：2023-11-30　　　　　　　　　　　　　　　　　　　　　　　单位：元

领用部门	领料用途	产品	面粉		白糖		植物油		鸡蛋		合计
			数量	金额	数量	金额	数量	金额	数量	金额	
生产车间	生产产品直接领用	可可夹心饼干	2000	5900	2000	11000	10	100000	400	2400	119300
合计			2000	5900	2000	11000	10	100000	400	2400	119300

制表：王雪婷　　　　　　　　　　　　　　　　　　　　　　　审核：张英敏

图 4-68　原材料发出汇总表

经济业务类型

属于生产业务。

11. 数电票（增值税专用发票）（图4-69）

图4-69　数电票（增值税专用发票）

> **经济业务类型**

属于销售业务。

12. 网上银行电子回执单（图4-70）

中国建设银行网上银行电子回执单					
币别：	人民币		日期：2023-11-06 12:00:00	凭证号：3345	
付款人	全称	南通华江有限公司	收款人	全称	北京昕怡食品有限责任公司
	账号	41164690338875		账号	41361932844601
	开户行	中国建设银行南通市崇川区支行		开户行	中国建设银行北京市西城区支行
大写金额		人民币贰拾伍万肆仟贰佰伍拾元整	小写金额		￥254250.00　元
用途		货款	验证码		2266
交易状态		银行受理成功			
制单		汪丹			
复核		李离清			
主管		林菲钰			
重要提示：银行受理成功，本回执不作为收、付款方交易确认的最终依据。					

图4-70　网上银行电子回执单

> **经济业务类型**

属于销售业务。

13. 销售单（图 4-71）

行号	编码/存货名称	规格型号	单位	数量	不含税金额	单价	税率	税额	价税合计	备注
1	101酷奇夹心饼干		包	15000	225000.00	15	13%	29250.00	254250.00	
2										
3										
4										
5										
6										
7										
8										
9										
10										
	合计			15000	225000.00			29250.00	254250.00	

仓库：产成品库　日期：2023-11-06　单号：XXD-20231106-1
往来单位：南通华江有限公司　摘要：销售商品

图 4-71　销售单

经济业务类型

属于销售业务。

14. 数电票（增值税专用发票）（图 4-72）

图 4-72　数电票（增值税专用发票）

经济业务类型

属于期间费用业务。

15. 办公用品领用单（图4-73）

办公用品领用单

日期：2023-11-08　　　　　　　　　　　　　单位：元

领用部门	笔记本		合计	领用人
	数量	金额		
办公室	5	75.00	75.00	刘用生
财务部	10	150.00	150.00	王雪婷
采购部	5	75.00	75.00	刘学军
合计	20	300.00	300.00	

制表：王雪婷　　　　　　　　　　　审核：张英敏

图4-73　办公用品领用单

经济业务类型

属于期间费用业务。

16. 网上银行电子回执单（图4-74）

中国建设银行网上银行电子回执单

币别：人民币		日期：2023-11-08 09:00:00		凭证号：1105	
付款人	全称	北京昕怡食品有限责任公司	收款人	全称	泰州祥荣百货有限责任公司
	账号	41361932844601		账号	41762789174358
	开户行	中国建设银行北京市西城区支行		开户行	中国建设银行泰州市高港区支行
大写金额		人民币叁佰叁拾玖元整	小写金额		￥339.00　元
用途		购买办公用品	验证码		2265
交易状态		银行受理成功			
制单		宫紫			
复核		付颖			
主管		王一			
重要提示：银行受理成功，本回执不作为收、付款方交易确认的最终依据。					

图4-74　网上银行电子回执单

经济业务类型

属于期间费用业务。

17. 简易存货盘盈盘亏报告表（图 4-75）

简易存货盘盈盘亏报告表

企业名称：北京昕怡食品有限责任公司　　　　2023-11-30　　　　　　　　单位：元

存货名称	计量单位	单价	数量		盘盈		盘亏		差异原因
			账存	实存	数量	金额	数量	金额	
鸡蛋	斤		1600	1600					
香草精	瓶		1500	1500					
面粉	千克	2.95	4500	4510	10	29.50			计量不准
白糖	千克		5000	5000					
牛奶	瓶		1500	1500					
泡打粉	袋		1500	1500					
植物油	吨		1520	1520					
果酱	瓶		1500	1500					
果仁	斤		1500	1500					
巧克力豆	袋		1500	1500					

单位主管部门批复处理意见：情况属实

制表：王雪婷　　　　　　　　　　　　　　　　　　　　　　　　　　审核：张英敏

图 4-75　简易存货盘盈盘亏报告表

经济业务类型

属于财产清查业务。

项目五

会计资料的归档与保管

 知识目标

1. 了解会计资料归档的重要性。
2. 掌握会计资料归档的基本流程。
3. 掌握会计档案的管理要求。
4. 掌握《会计档案管理办法》的相关规定。
5. 掌握会计档案的保管内容和期限。
6. 掌握会计档案销毁政策和流程。

 能力目标

1. 具备会计资料归档的能力。
2. 具备会计档案管理的能力。
3. 具备较强的文字处理能力。
4. 具备较强的信息处理能力。

 素质目标

1. 具备较强的组织协调能力和团队合作精神,能够协助其他部门完成相关工作。
2. 具备较强的责任心和保密意识,能够严格遵守会计法律法规和公司制度,保护公司商业秘密。

任务一　会计资料的归档要求和流程

案例导入

XYZ公司是一家专业提供财务咨询服务的企业，随着业务的不断扩展和客户数量的增长，其会计档案的数量也在迅速增加。为了确保会计信息的安全、完整及能够快速检索，公司管理层决定对现有的会计档案进行系统化的归档管理。

目前，XYZ公司的会计档案包括各种发票、凭证、财务报表、税务记录等资料，这些资料散布在不同的办公区域，存储在不同的介质中。由于缺乏有效的档案管理系统，查找特定资料时常常耗费大量的时间与人力，而且档案的安全性也无法得到保障。于是，公司管理层制订了一套会计档案的归档方案：公司采购了一款专业的档案管理软件，实现电子化档案管理；对所有纸质会计档案进行数字化扫描，形成电子副本；根据会计档案的性质和用途，建立合理的分类体系和编码规则。

实施这套方案后，XYZ公司会计档案的检索和存取效率显著提高，会计档案的安全性也得到了加强，风险也大大降低了。

任务准备

会计档案是指单位在进行会计核算等过程中接收或形成的，记录和反映单位经济业务事项的，具有保存价值的文字、图表等各种形式的会计资料，不仅包括纸质会计档案，还包括通过计算机等电子设备形成、传输和存储的电子会计档案。

会计资料归档是指将单位在一定时间内产生的各种财务资料按照规定的方法和标准进行整理、分类、存储和管理的过程。会计资料归档是企业管理中非常重要的一环，它不仅能够有效地保障企业的财务信息安全，还能够方便企业进行财务管理和决策。

一、会计资料归档的重要性

（一）保障财务信息安全

会计资料是企业的重要资产之一，如果没有得到妥善的保存和管理，就很容易被泄露或损坏。通过会计资料归档，可以对财务信息进行加密、备份和存储，从而有效地保障财务信息安全。

（二）提高财务管理效率

会计资料归档可以将大量的财务数据进行分类整理，并建立相应的档案管理系统，这样就可以快速地查找到所需的财务信息，提高财务管理的效率和准确性。

（三）方便企业决策

通过会计资料归档，企业可以及时了解自己的财务状况和经营情况，从而更好地制订经营策略和决策计划，提高企业的竞争力和发展潜力。

二、会计资料归档的基本流程

（一）收集会计资料

收集企业在一定时间内产生的各种会计资料。会计资料存储的介质包括纸质形式和电子形式。会计资料的种类包括凭证、账簿、报表、合同等。

（二）分类整理会计资料

根据不同的管理需求和标准，对收集到的会计资料进行分类整理，比如按时间分类、按部门分类、按科目分类等。

（三）建立档案管理系统

为了对这些会计资料实现便捷的管理，企业须建立一个完整的档案管理系统，包括文件命名规则、目录结构、权限设置等，需要确保系统的数据安全和稳定性。

（四）存储和管理会计资料

将分类整理好的会计资料进行归档，设置相应的访问权限和管理规则，对会计资料进行妥善的保管。同时还需要定期检查和更新档案管理系统，确保其正常运行和安全性。

（五）电子会计资料的归档流程

电子会计资料的归档流程如图 5-1 所示。

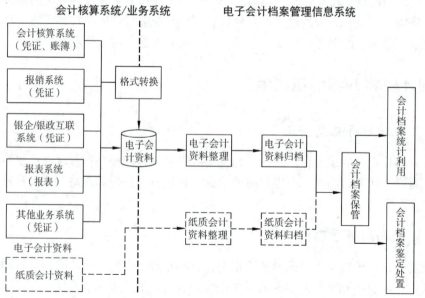

图 5-1 电子会计资料归档流程图

三、会计资料归档的管理要求

（一）严格执行相关规定和标准

在进行会计资料归档时，必须遵守相关的法律法规和企业内部的规定与标准，确保归档过程的合法性和规范性。

（二）做好保密工作

会计资料归档涉及企业的商业机密和个人隐私，因此必须做好保密工作，防止信息泄露和滥用。

（三）建立完善的档案管理制度

要建立一套完善的档案管理制度，明确各个环节的责任和义务，并制定相应的考核和奖惩制度，以确保会计资料归档工作的顺利开展。

四、《会计档案管理办法》的要求

《会计档案管理办法》的部分内容摘录如下：

第三条　本办法所称会计档案是指单位在进行会计核算等过程中接收或形成的，记录和反映单位经济业务事项的，具有保存价值的文字、图表等各种形式的会计资料，包括通过计算机等电子设备形成、传输和存储的电子会计档案。

第五条　单位应当加强会计档案管理工作，建立和完善会计档案的收集、整理、保管、利用和鉴定销毁等管理制度，采取可靠的安全防护技术和措施，保证会计档案的真实、完整、可用、安全。

单位的档案机构或者档案工作人员所属机构（以下统称单位档案管理机构）负责管理本单位的会计档案。单位也可以委托具备档案管理条件的机构代为管理会计档案。

第六条　下列会计资料应当进行归档：

（一）会计凭证，包括原始凭证、记账凭证；

（二）会计账簿，包括总账、明细账、日记账、固定资产卡片及其他辅助性账簿；

（三）财务会计报告，包括月度、季度、半年度、年度财务会计报告；

（四）其他会计资料，包括银行存款余额调节表、银行对账单、纳税申报表、会计档案移交清册、会计档案保管清册、会计档案销毁清册、会计档案鉴定意见书及其他具有保存价值的会计资料。

第七条　单位可以利用计算机、网络通信等信息技术手段管理会计档案。

第八条　同时满足下列条件的，单位内部形成的属于归档范围的电子会计资料可仅以电子形式保存，形成电子会计档案：

（一）形成的电子会计资料来源真实有效，由计算机等电子设备形成和传输；

（二）使用的会计核算系统能够准确、完整、有效接收和读取电子会计资料，能够输

出符合国家标准归档格式的会计凭证、会计账簿、财务会计报表等会计资料,设定了经办、审核、审批等必要的审签程序;

(三)使用的电子档案管理系统能够有效接收、管理、利用电子会计档案,符合电子档案的长期保管要求,并建立了电子会计档案与相关联的其他纸质会计档案的检索关系;

(四)采取有效措施,防止电子会计档案被篡改;

(五)建立电子会计档案备份制度,能够有效防范自然灾害、意外事故和人为破坏的影响;

(六)形成的电子会计资料不属于具有永久保存价值或者其他重要保存价值的会计档案。

第九条 满足本办法第八条规定条件,单位从外部接收的电子会计资料附有符合《中华人民共和国电子签名法》规定的电子签名的,可仅以电子形式归档保存,形成电子会计档案。

第十条 单位的会计机构或会计人员所属机构(以下统称单位会计管理机构)按照归档范围和归档要求,负责定期将应当归档的会计资料整理立卷,编制会计档案保管清册。

第十一条 当年形成的会计档案,在会计年度终了后,可由单位会计管理机构临时保管一年,再移交单位档案管理机构保管。因工作需要确需推迟移交的,应当经单位档案管理机构同意。

单位会计管理机构临时保管会计档案最长不超过三年。临时保管期间,会计档案的保管应当符合国家档案管理的有关规定,且出纳人员不得兼管会计档案。

第十二条 单位会计管理机构在办理会计档案移交时,应当编制会计档案移交清册,并按照国家档案管理的有关规定办理移交手续。

纸质会计档案移交时应当保持原卷的封装。电子会计档案移交时应当将电子会计档案及其元数据一并移交,且文件格式应当符合国家档案管理的有关规定。特殊格式的电子会计档案应当与其读取平台一并移交。

单位档案管理机构接收电子会计档案时,应当对电子会计档案的准确性、完整性、可用性、安全性进行检测,符合要求的才能接收。

第十三条 单位应当严格按照相关制度利用会计档案,在进行会计档案查阅、复制、借出时履行登记手续,严禁篡改和损坏。

单位保存的会计档案一般不得对外借出。确因工作需要且根据国家有关规定必须借出的,应当严格按照规定办理相关手续。

会计档案借用单位应当妥善保管和利用借入的会计档案,确保借入会计档案的安全完整,并在规定时间内归还。

五、《会计基础工作规范》的要求

《会计基础工作规范》对会计工作交接做出了系列规定,摘录如下:

第二十五条 会计人员工作调动或者因故离职,必须将本人所经管的会计工作全部移交给接替人员。没有办清交接手续的,不得调动或者离职。

第二十六条 接替人员应当认真接管移交工作,并继续办理移交的未了事项。

第二十七条 会计人员办理移交手续前，必须及时做好以下工作：

（一）已经受理的经济业务尚未填制会计凭证的，应当填制完毕。

（二）尚未登记的账目，应当登记完毕，并在最后一笔余额后加盖经办人员印章。

（三）整理应该移交的各项资料，对未了事项写出书面材料。

（四）编制移交清册，列明应当移交的会计凭证、会计账簿、会计报表、印章、现金、有价证券、支票簿、发票、文件、其他会计资料和物品等内容；实行会计电算化的单位，从事该项工作的移交人员还应当在移交清册中列明会计软件及密码、会计软件数据磁盘（磁带等）及有关资料、实物等内容。

第二十八条 会计人员办理交接手续，必须有监交人负责监交。一般会计人员交接，由单位会计机构负责人、会计主管人员负责监交；会计机构负责人、会计主管人员交接，由单位领导人负责监交，必要时可由上级主管部门派人会同监交。

第二十九条 移交人员在办理移交时，要按移交清册逐项移交；接替人员要逐项核对点收。

（一）现金、有价证券要根据会计账簿有关记录进行点交。库存现金、有价证券必须与会计账簿记录保持一致。不一致时，移交人员必须限期查清。

（二）会计凭证、会计账簿、会计报表和其他会计资料必须完整无缺。如有短缺，必须查清原因，并在移交清册中注明，由移交人员负责。

（三）银行存款账户余额要与银行对账单核对，如不一致，应当编制银行存款余额调节表调节相符，各种财产物资和债权债务的明细账余额要与总账有关账户余额核对相符；必要时，要抽查个别账户的余额，与实物核对相符，或者与往来单位、个人核对清楚。

（四）移交人员经管的票据、印章和其他实物等，必须交接清楚；移交人员从事会计电算化工作的，要对有关电子数据在实际操作状态下进行交接。

第三十条 会计机构负责人、会计主管人员移交时，还必须将全部财务会计工作、重大财务收支和会计人员的情况等，向接替人员详细介绍。对需要移交的遗留问题，应当写出书面材料。

第三十一条 交接完毕后，交接双方和监交人员要在移交清册上签名或者盖章。并应在移交清册上注明：单位名称，交接日期，交接双方和监交人员的职务、姓名，移交清册页数以及需要说明的问题和意见等。

移交清册一般应当填制一式三份，交接双方各执一份，存档一份。

第三十二条 接替人员应当继续使用移交的会计账簿，不得自行另立新账，以保持会计记录的连续性。

第三十三条 会计人员临时离职或者因病不能工作且需要接替或者代理的，会计机构负责人、会计主管人员或者单位领导人必须指定有关人员接替或者代理，并办理交接手续。

临时离职或者因病不能工作的会计人员恢复工作的，应当与接替或者代理人员办理交接手续。

移交人员因病或者其他特殊原因不能亲自办理移交的，经单位领导人批准，可由移交人员委托他人代办移交，但委托人应当承担本规范第三十五条规定的责任。

第三十四条 单位撤销时，必须留有必要的会计人员，会同有关人员办理清理工作，编制决算。未移交前，不得离职。接收单位和移交日期由主管部门确定。

单位合并、分立的，其会计工作交接手续比照上述有关规定办理。

第三十五条　移交人员对所移交的会计凭证、会计账簿、会计报表和其他有关资料的合法性、真实性承担法律责任。

 任务实施

 想一想

1. 会计档案对于单位有何重要性？
2. 如何对电子会计资料进行归档？
3. 会计档案的管理要求有哪些？
4. 《会计档案管理办法》对单位会计资料归档做出了哪些规定？

任务二　会计档案的保管

 案例导入

ABC 公司是一家中型制造企业，随着业务的不断扩展，其财务交易量逐年增加，导致会计档案的数量迅速增长。以往，ABC 公司的会计档案主要以纸质文件形式进行保存，存放在公司内部几个不同的文件柜中。由于缺乏有效的档案管理机制和专业的档案保管人员，档案常常出现错放、丢失或损坏的情况，严重影响了会计工作的质量和效率。

ABC 公司决定启动一个会计档案保管优化项目，旨在建立一个高效、安全且符合法规要求的档案管理体系。项目的主要目标包括：实现会计档案的电子化管理，提高检索效率；加强档案的安全性，防止信息泄露和未经授权的访问；优化存储空间，降低物理存储的成本和空间占用；确保档案管理符合国家会计法规标准。

ABC 公司通过实施一系列的操作，最终实现了以上目标。

 任务准备

 一、会计档案的保管范围与期限

（一）会计资料归档范围

1. 会计凭证
（1）原始凭证。

（2）记账凭证。

2. 会计账簿

（1）总账。

（2）明细账。

（3）日记账。

（4）固定资产卡片。

（5）其他辅助性账簿。

3. 财务会计报告

（1）月度、季度、半年度财务会计报告。

（2）年度财务会计报告。

4. 其他会计资料

（1）银行存款余额调节表。

（2）银行对账单。

（3）纳税申报表。

（4）会计档案移交清册。

（5）会计档案销毁清册。

（6）会计档案保管清册。

（7）会计档案鉴定意见书。

（二）会计档案保管期限

会计档案的保管期限分为永久和定期两类。定期保管期限一般分为 10 年和 30 年。会计档案的保管期限，从会计年度终了后的第一天算起。单位应当定期对已到保管期限的会计档案进行鉴定，并形成会计档案鉴定意见书。经鉴定，仍需继续保存的会计档案，应当重新划定保管期限。

企业和其他组织会计档案的保管期限见表 5-1。

表 5-1　企业和其他组织会计档案的保管期限

序号	档案名称	保管期限	备注
一	会计凭证		
1	原始凭证	30 年	
2	记账凭证	30 年	
二	会计账簿		
3	总账	30 年	
4	明细账	30 年	
5	日记账	30 年	
6	固定资产卡片	—	固定资产报废清理后再保管 5 年
7	其他辅助性账簿	30 年	

续表

序号	档案名称	保管期限	备注
三	财务会计报告		
8	月度、季度、半年度财务会计报告	10年	
9	年度财务会计报告	永久	
四	其他会计资料		
10	银行存款余额调节表	10年	
11	银行对账单	10年	
12	纳税申报表	10年	
13	会计档案移交清册	30年	
14	会计档案保管清册	永久	
15	会计档案销毁清册	永久	
16	会计档案鉴定意见书	永久	

二、各类会计档案的保管

会计档案是企业重要的财务资料。为了保证这些资料的安全性和完整性，需要采取一系列的保管措施。以下是纸质会计档案和电子会计档案的共同保管方式、方法和手段：

（1）建立完善的档案管理制度，明确各种档案的保管期限和保管要求，并制定相应的操作规程和流程。

（2）对各种会计档案进行分类、编号、登记、整理、鉴定、统计和保管等工作。同时，对不同类别的档案采用不同的存储方式和管理方法。

（3）加强员工培训，提高员工对会计档案的认识和重视程度，增强员工的保密意识和责任心。同时，加强对员工的管理，严格执行保密制度和规定。

（一）纸质会计档案的保管

（1）设立专门的会计档案室或档案柜，确保档案存放环境干燥、通风、防潮、防火等。

（2）定期检查会计档案的安全性和完整性，并及时采取措施防止丢失、损毁或被盗。特别是对于重要档案，要采取更加严格的保护措施，如增设保险箱等。

（二）电子会计档案的保管

1. 定期评估

单位档案管理机构应每年对电子会计档案的可读性进行评估，形成评估报告。若存在因系统软硬件或其他技术升级、更新导致电子会计档案不可读取的风险，应对电子会计档案进行迁移。

2. 迁移评估

电子会计档案迁移前应进行迁移可行性评估，包括目标载体、系统、格式的可持续性、安全性、经济性等评估，并保证迁移过程中电子会计档案真实、完整，过程可控，防止迁移过程中电子会计档案信息丢失或被非法篡改。

3. 存储

电子会计档案应实施在线和离线存储。在线存储按电子会计档案管理系统运行要求实施。离线存储载体应具有较好的耐久性，按优先顺序依次为一次性写光盘、磁带、硬磁盘等。

重要电子会计档案应进行一式三套离线存储，三套离线存储载体宜分开保管，有条件的单位应进行异地备份。

离线存储应按照保管单位和存储载体容量进行信息组织，应支持导入后形成交接凭据，不能用运维备份的信息组织方式进行离线存储，更不能用系统备份文件代替离线存储文件。

对离线存储电子会计档案的磁性载体每满 2 年、光盘每满 4 年进行一次抽样机读检验，抽样率不低于 10%，发现问题应及时采取措施。

对磁性载体上的电子档案，应每 4 年转存一次。原载体同时保留时间不少于 4 年。

4. 电子会计档案的利用

单位应制定利用电子会计档案的权限规定，权限设置应科学、合理，并在电子会计档案管理信息系统中实施。当超出权限利用档案时，应进行审批。

单位应保证电子会计档案在利用过程中不被篡改。

电子会计档案可根据授权提供在线或离线利用，利用过程应通过日志或其他方式形成记录，记录信息包括利用人、利用时间、利用方式、利用电子会计档案名称和档号等。利用过程信息应作为电子会计档案元数据进行保存。

三、会计档案销毁

根据《会计档案管理办法》的规定，单位对保管期满，确无保存价值的会计档案，可以销毁。但是销毁会计档案之前，需要进行会计档案鉴定工作。会计档案鉴定工作应当由单位档案管理机构牵头，组织单位会计、审计、纪检监察等机构或人员共同进行。

经鉴定可以销毁的会计档案，应当按照以下程序销毁：

（1）单位档案管理机构编制会计档案销毁清册，列明拟销毁会计档案的名称、卷号、册数、起止年度、档案编号、应保管期限、已保管期限和销毁时间等内容。

（2）单位负责人、档案管理机构负责人、会计管理机构负责人、档案管理机构经办人、会计管理机构经办人在会计档案销毁清册上签署意见。

（3）单位档案管理机构负责组织会计档案销毁工作，并与会计管理机构共同派员监销。监销人在会计档案销毁前，应当按照会计档案销毁清册所列内容进行清点核对；在会计档案销毁后，应当在会计档案销毁清册上签名或盖章。电子会计档案的销毁还应当符合国家有关电子档案的规定，并由单位档案管理机构、会计管理机构和信息系统管理机构共同派员监销。

电子票据技术

　　保管期满但未结清的债权债务会计凭证和涉及其他未了事项的会计凭证不得销毁，纸质会计档案应当单独抽出立卷，电子会计档案单独转存，保管到未了事项完结时为止。单独抽出立卷或转存的会计档案，应当在会计档案鉴定意见书、会计档案销毁清册和会计档案保管清册中列明。

 任务实施

 想一想

1. 会计档案的保管范围包括哪些？
2. 会计档案的保管期限包括哪些？
3. 不同的会计档案分别有哪些保管期限规定？
4. 对电子会计档案有哪些保管方式、方法和手段？
5. 对保管期限届满的会计档案应如何销毁？